영화, 드라마, 예능과 떠나는 랜선 진로 여행

내 안의 인피니티 스톤을 찾아라

영화, 드라마, 예능과 떠나는 랜선 진로 여행
내 안의
인피니티 스톤을 찾아라

펴낸날 2024년 3월 25일 1판 1쇄

지은이 최영숙
펴낸이 김영선
편집주간 이교숙
책임교정 나지원
교정·교열 정아영, 이라야, 남은영
경영지원 최은정
디자인 정윤경
마케팅 신용천

발행처 ㈜다빈치하우스-미디어숲
출판브랜드 미디어숲
주소 경기도 고양시 덕양구 청초로 66 덕은리버워크지산 B동 2007호~2009호
전화 (02) 323-7234
팩스 (02) 323-0253
홈페이지 www.mfbook.co.kr
출판등록번호 제 2-2767호

값 17,800원
ISBN 979-11-5874-216-4 (43300)

㈜다빈치하우스와 함께 새로운 문화를 선도할 참신한 원고를 기다립니다.
이메일 dhhard@naver.com (원고 및 기획서 투고)

- 미디어숲은 (주)다빈치하우스의 출판브랜드입니다.

- 파본은 구입하신 서점에서 교환해 드립니다.

미디어숲

추천사

● 며칠 전에 저자 최영숙 선생님과 교장실에서 차를 한잔하였습니다. 밝은 미소와 함께 건네주는 『내 안의 인피니티 스톤을 찾아라』 원고였는데, 정말로 놀랐습니다. 내용을 읽어보니 저자는 단지 평범한 교사가 아닌 이 시대에 살아있는 참스승이라는 생각이 들었습니다. 지금 학교 현장에서는 기성세대인 교사와 MZ세대인 학생들 사이에서 상호 이해 부족으로 인해 많은 어려움을 겪고 있습니다. 이 책은 학생들에게 쉽게 다가가 문제를 발견하고 함께 해결할 수 있도록 도와주는 상담의 지침서입니다. 따라서 교사들은 이 한 권의 책을 사무실 책상 위에 올려놓고 필독한다면 한평생 교단생활에 정말 많은 도움이 되리라 믿습니다. 나아가 꿈을 이루고자 하는 학생, 학부모, 일반인이 있다면 이 책은 큰 빛줄기가 되리라 생각합니다.

-경북소프트웨어고등학교 교장 김성완

● '영상은 보는 것이 아니라 읽는 것이다'라는 선생님의 철학이 느껴집니다. 제가 본 최영숙 선생님은 늘 사색하고, 새로움을 꿈꾸고, 연구하고, 실천을 통해 무언가를 만들어 내는 분이었습니다. 학생들의 진로를 고민하고 학교 구성원들과 소통하며 학생들의 꿈을 위해 노력하고 변화를 추구해 오셨습니다. 무분별한 영상을 의미 없이 보고 있는 학생들에게 생각거리를 던져주시는 선생님의 사랑이 느껴집니다. 또한 좋은 영상을 선택해서 재미있는 이야기로 학생들의 성장을 도우려는 선생님의 수고로움이 느껴져 마음이 따뜻해집니다. 한 줄 한 줄 읽어 내려가다 보니 누구도 시도해 보지 않은 새로운 접근으로 진로 교육의 맥을 찾고자 하는 노력 속에서 선생님의 진지한 삶의 태도가 투영되어 보입니다.

-경상북도교육청연수원 중등연수부장 김경숙

● 이 시대를 살아가는 10대들은 다양한 영상 매체를 통해 정보를 수집하고 분석합니다. 그런 의미에서 영상을 활용하는 수업은 익숙하면서도 흥미로운 수업 방식이 될 수 있습니다. 단, 교사의 선별과정을 거치고, 의미 있는 수업자료로 구성되었을 때 가능한 일이지요. 그런 과정을 도와주는 것이 『내 안의 인피니티 스톤을 찾아라』입니다. 그냥 웃으면서 지나쳤던 예능에서조차 진로의 실마리를 찾아줍니다. 이 책을 읽는 10대 독자들이 자신만의 진로를 찾길 바랍니다.

-구미인덕중학교 교장 하정남

● 이 책은 청소년을 대상으로 진로교사가 들려주는 '방구석 1열'과 같은 책입니다. 우리가 좋아하는 영화, 드라마, 예능 프로그램을 가져와 진로 교육의 핵심들을 한마디씩 나누는 즐거운 수다와 같은 책입니다. 영화 이야기인지, 진로 이야기인지 살펴볼 틈도 없이 읽다 보면 어느새 모두 읽어버리고 마는 쉬운 책이기도 합니다. "수업 또한 아이들과 교사가 만드는 영화나 예능이라는 생각이 듭니다."라는 작가의 말에서 가볍지 않은 교육관이 느껴집니다. 진로 수업의 방구석 한자리는 항상 마련되어있으니, 학생, 학부모, 선생님들께서는 즐겁게 참석해 주시기 바랍니다.

-김천여자고등학교 교장 정하경

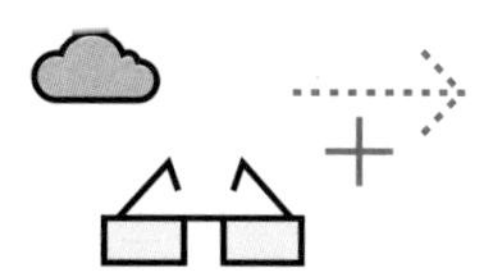

● 선택지가 너무 많아 고민되거나, 선택지가 아예 없어 걱정하는 학생이 있다면 지금이라도 늦지 않았습니다. 많은 걸 보고, 듣고, 느끼길 바랍니다. 그리고 이 책이 하나의 방법이 될 수 있습니다. 감동적인 영화 한 편은 열 마디의 잔소리보다 강력한 효과를 발휘합니다. 인생 책 한 권이 우리의 행동을 변화시킵니다. 여러분의 진로 경로 중 어떤 구간에서 가속도를 낼지는 아무도 모릅니다. 이 책을 읽는 독자 여러분은 원하는 곳까지 꼭 성공적으로 도달하기를 바랍니다.

-한국미래농업고등학교 교장 민익식

● 이 책은 흥미롭습니다. 〈어벤져스: 인피니티 워〉로 강점을 찾고, 〈자산어보〉에서 공부의 의미를 알려줍니다. 경계를 허물어야 새로운 길에 도달한다는 걸 〈신서유기〉로 풀어냅니다. 진로 책의 신세계를 경험하는 것 같습니다. 여러분도 이 책을 통해 진로 찾기의 새로운 길로 떠나보십시오.

-선산고등학교 진로교사 이돈희

● 살면서 우연히 접했던 어떤 순간이 인생을 바꾸는 역할을 합니다. 다양한 경험이 학생들의 진로에 크나큰 영향력을 발휘하지만, 현실적으로 불가능하다면 우연히 접한 콘텐츠와 책이 학생들의 삶을 바꿀 수 있습니다. 이 책과 더불어 미디어를 통해 다양한 모습을 바라보고 생각할 수 있는 시간을 가져보시길 바랍니다.

-경북기계금속고등학교 진로교사 김윤희

● '나의 진로를 어떻게 찾아가지? 꿈과 열정을 어떻게 회복할 수 있을까?' 이런 고민을 가진 사람이라면 이 책에서 해답을 찾을 수 있습니다. 영화 보는 걸 좋아하던 여고생이 진로교사가 되어 흥미로운 영화와 드라마, 예능 프로그램의 이야기를 들려주며 다양한 질문을 던집니다. 질문을 통해 삶을 돌아보고 자신의 진로를 찾을 수 있도록 길을 안내하고 응원하고 있습니다. 이야기에 빠져들다 보면 예술, 사회, 과학 그리고 역사 등 다양한 분야의 교양과 상식까지 덤으로 얻을 수 있을 것입니다.

-경북기계금속고등학교 국어교사 신문희

● 영화나 드라마는 양면성을 지니고 있습니다. 학생들을 수동적 또는 능동적으로 만들기도 합니다. 감상 그 자체는 학습이라고 볼 수 없습니다. 오히려 형편없는 수업 도구가 되어 학생들은 더 수동적으로 변해갑니다. 그러나 철저하게 계산된 수업자료는 감동의 잔상이 오래 남아 새로운 것에 대한 호기심으로 승화시킬 수도 있습니다. 이 책은 영상을 활용해 새로운 시각을 가질 수 있도록 도와줄 것입니다.

-『십 대를 위한 영화 속 과학 인문학 여행』 저자 최원석

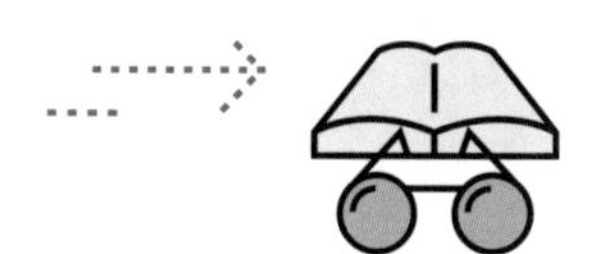

프롤로그

영화, 드라마, 예능을 보다가 진로를 찾았다!

'혼영'의 시작은 그때부터였습니다. 여기서 혼영이란 수영 종목을 일컫는 말이 아닙니다. 요즘 혼자 밥 먹으면 '혼밥', 혼자 술을 마시면 '혼술'이라고 부르는데요. 혼자 영화 보는 것은 바로 '혼영'이라고 얘기합니다.

학생 시절 저는 주말이면 학교에서 공부를 했습니다. 당시에는 자습하는 학생들을 위해 학교를 개방했거든요. 자습감독 선생님도 안 계시고, 수업을 하는 것도 아닙니다. 그냥 교실에서 각자 공부하면 됩니다. 지금은 보안과 안전을 이유로 학교를 개방하지는 않지만요.

아침에 엄마가 싸준 도시락과 책가방을 메고 40분을 걸어 학교에 갔습니다. 늦잠도 자고 싶고, 빈둥거리고 싶었을 텐데 무슨 생각으로 주말마다 학교에 갔는지 과거의 저에게 묻고 싶습니다. 명확한 목표도, 가고 싶은 대학이나 학과도 결정하지 못했지만, 한 가지는 확실했습니다. 공부 잘하는 아이로 인정받고 싶었습니다. 다른 건 몰라도 성적만큼은 최상위권을 유지해야겠다는 욕심 때문이었습니다. 저도 모르게 자신을 채찍질하고 있었습니다.

남에게 인정받기 위해 공부하다 보니 상당한 스트레스가 있었는데요. 쓰린 속을 부여잡고 병원에 가니 신경성 위염 진단을 받았습니다. 저는 제 고등학교 시절을 인생의 암흑기라고 부릅니다. 공부로 스트레스를 받는 여러분도 충분히 공감하리라 생각합니다.

매 주말마다 혼자만의 자습을 끝내고 집으로 터덜터덜 걸어오곤 했습니다. 절친이 있었지만 교회를 다녀서 일요일만큼은 저와 함께할 수가 없었죠. 어쩔 수 없이 일요일은 혼자만의 시간을 보내야 했습니다. 어느 날 자습을 마치고 길을 걷고 있는데 조그마한 극장이 눈에 들어왔습니다. 녹초가 되어 빨리 집에 가고 싶다던 생각도 사라지고 갑자기 극장에 들어가고 싶더군요. 극장에서는 톰 크루즈 주연의 영화 〈칵테일〉을 상영하고 있었습니다. 제 인생 처음으로 혼자 영화관에 들어갔습니다. 창피하다거나 외롭다는 생각이 전혀 들지 않았습니다.

이후 주말 자습이 끝나고 극장 옆을 지날 때면 어떤 영화를 상영하고 있는지 유심히 보았습니다. 마음에 드는 영화가 있으면 주저하지 않고 혼자서라도 극장 안으로 성큼성큼 들어갔습니다. 혼영은 그렇게 시작되었습니다.

혼자서 극장에 가던 여고생은 지금 진로교사가 되었습니다. 영화, 드라마와는 전혀 관련 없는 직업일까요? 그렇지 않습니다. 영화 인생은 계속 이어집니다. 공부에 지친 학생들에게 마음의 휴식과 더불어 앞으로 인생을 어떻게 살아갈지, 무엇을 하고 싶은지를 생각해 보게 하려고 영화는 물론 드라마, 예능 등 영상 콘텐츠를 활용하고 있습니다.

어니스트 헤밍웨이의 소설 『노인과 바다』는 그에게 노벨 문학상을 안겨다 준 작품입니다. 소설 속 늙은 어부 산티아고는 84일 동안 단 한 마리의 고기도 잡지 못했으나, 85일째가 되던 날 커다란 청새치가 노인의 미끼를 물게 되지요. 저도 산티아고처럼 영상 콘텐츠라는 바다에서 끊임없이 질문을 건져 올렸습니다. 단 한 장면도 놓치지 않으려 합니다.

혹시나 그물망의 빈틈을 통해 질문들이 달아날까 봐 촘촘하게 엮었습니다. 여러분은 그물 속 질문들을 읽어 보고 생각할 기회를 가지면 됩니다. 어떤 질문이, 어떤 영상이 여러분의 심장과 머리를 뒤흔들지 궁금합니다. 질문이 꼬리를 물면서 차곡차곡 꿈을 향해 다가갈 수 있으면 좋겠습니다.

우리는 콘텐츠의 홍수 속에 살고 있습니다. 영상을 보면서 웃기도 하고, 감동도 받지만 애석하게도 얼마 지나지 않아 그 영상에 대한 기억은 사라집니다. 기왕이면 생각거리를 제공하는 영상이면 더 좋겠지요. 그렇게 선별한 미디어 콘텐츠를 학생들과 함께 보면서 생각을 나누었습니다. 그들은 같은 영화인데도 집에서 혼자 봤을 때와 수업 시간에

봤을 때 느낌이 전혀 달랐다고 말합니다. 그 이유는 바로 '질문'에 있습니다. 어떤 질문을 생각하고 영상을 보는지에 따라 결과는 달라집니다.

질문에 대한 해답을 얻기 위해서는 단 10분의 영상을 보더라도 생각하면서 봐야 합니다. 친구들과 의견을 주고받을 수도 있고, 영화를 발판으로 삼아 맘껏 내 의견을 표현할 수도 있습니다. 사고력을 확장하는 데 이보다 좋은 자료도 없습니다.

이 책에서 소개하는 영화, 드라마, 예능이 여러분의 인생에 어떤 영향을 미칠지 알 수 없지만, 한 가지 분명한 건 있습니다. 영상이든 책이든 관심을 두는 만큼 세상을 보는 시야가 넓고 깊어진다는 것입니다.

여러분은 지금 각자 무언가를 하고 있을 겁니다. 결과가 당장 눈에 보이지 않아도 실망하지 마세요. 지치지 않았으면 좋겠습니다. 간접 경험이든 직접 경험이든 무언가 하고 있다면 여러분은 지금 성장하는 중입니다. 애쓰고 있는 여러분을 칭찬하며 여러 편의 영상을 선물하겠습니다. 이 책으로 각자 한 편의 드라마 같은 인생 속에서 즐거운 예능으로 진로를 찾아 따뜻한 영화의 주인공이 되길 바랍니다.

저자 최영숙

차례

내 인생 드라마의 주인공은 나다

진로 선택에 정답은 없다 ✩일타 스캔들✩

진로를 찾는 과정은 마라톤이다 ✩스물다섯 스물하나✩

스타트업으로 유니콘 꿈꾸기 ☆스타트업☆

창업가 정신을 배워 인생을 리셋하라 ☆재벌집 막내아들☆

진로는 즐거운 예능이다

최고의 전문가들과 함께하는 진로 상담 ☆집사부일체☆

따뜻한 토크쇼로 떠나는 랜선 진로 여행 ☆유 퀴즈 온 더 블럭☆

누구나
영화처럼 살 수 있다

영화 속에서처럼 돌멩이 하나로 행성을
폭파할 수는 없습니다. 시공간을 이동할
수도 없고요. 하지만 인피니티 스톤처럼
강력한 힘을 발휘할 수 있는 나만의
능력을 찾아보면 어떨까요?
한낱 돌멩이에 불과한 물체라도 재능을
찾는 순간 인피니티 스톤처럼 에너지를
쏟아낼 수 있습니다. 나의 에너지를
최대한 응축시켜 6개의 돌멩이로
만든다면 여러분은 어떤 능력을
가지고 있을까요?

내 안의 인피니티 스톤을 찾아라

어벤져스: 인피니티 워

이 영화에서는 최강 빌런 타노스에 맞서기 위해 마블의 '어벤져스'가 몽땅 등장합니다. 참고로 영어 단어 'Avengers'는 '복수자들'이란 뜻인데, 지구를 파괴하는 악당들과 맞서 싸우는 영웅을 그렇게 부른답니다.

역대급 흥행, 역대급 엔딩, 역대급 캐스팅으로 유명한 이 영화 때문에 저도 마블 스튜디오에서 만드는 슈퍼히어로물에 관심을 갖게 되었습니다.

〈어벤져스〉에 관해서라면 전문가인 친구들도 많습니다. 여러분 중에는 MCU를 전공과목처럼 줄줄 꿰고 있는 마블 덕후도 있겠지요. MCU는 'Marvel Cinematic Universe'로, 마블 스튜디오에서 제작하는 영화, 드라마가 공유하는 세계관을 일컫습니다. 〈어벤져스: 인피니티 워〉는 마블 10주년을 기념하기 위해 엄청난 스케일로 제작된 영화입니다. 여섯 개의 인피니티 스톤을 차지하려는 타노스와 맞붙기 위해 마블의 영웅들이 대거 등장합니다. 주연급만 스무 명은 족히 되는 듯한데, 적재적소에 캐릭터를 배치할 뿐만 아니라 소외되는 캐릭터 없이 훌륭한 팀워크를 만들어 냈습니다.

많은 주연 사이에서도 단연 압도적인 캐릭터는 타노스입니다. 수많은 패러디로 우리 입에 오르내리는 악당입니다. 미친 듯이 휘두르는 주먹의 소유자이지요. 타노스 앞에서는 헐크도 살충제를 맞은 파리처럼 힘없이 쓰러집니다.

영화 시작부터 토르의 머리채를 잡고 있는 타노스는 로키까지 죽이고 인피니티 스톤을 찾으러 여러 행성을 돌아다닙니다. 타노스를 저지하기 위해 어벤져스 멤버들이 하나둘씩 모여 타노스와 결투를 벌이지만 타노스는 여섯 개의 인피니티 스톤을 모았고, '손가락 튕기기'로 우주의 절반을 소멸시켜 버렸습니다.

여러 번 봐도 지루하지 않고, 지나쳤던 장면도 새롭게 느껴지는 〈어벤져스: 인피티니 워〉로 진로에 관한 이야기를 나눠 볼까요?

숨겨진 재능과 강점을 찾아서 내 인생의 주인공이 되자

어벤져스에 나오는 영웅 중에 누구를 가장 좋아하나요? 한 명만 지목하기에는 각 영웅 모두가 매력이 넘칩니다. 악당 타노스마저도 단순한 악당이 아닌 부성애와 눈물을 지닌 매력적인 빌런이니까요. 하지만 그들을 찬찬히 들여다보면 완벽한 인물은 아무도 없습니다. 모두 약점 하나쯤은 가지고 있습니다. 다만 약점보다는 강점에 초점을 맞춰 잘 살렸기 때문에 영웅이 된 것이지요.

아이언맨은 천재적인 지능과 막대한 자금력을 보유한 군수업체 CEO입니다. 그가 아이언맨 수트를 입으면 지구를 지키는 영웅이 됩니다. 가슴에 붙어 있는 아크 원자로는 엄청난 에너지를 뿜어내고, 평범한 신체도 초인으로 만들어 주는 수트는 과학의 결정체이자 그의 무시무시한 강점입니다. 그런데 금속 수트를 입은 아이언맨도 외계인과 싸우고 나면 악몽에 시달리고 불안 증세로 괴로워합니다. 결국에는 이 불안감을 극복하고 진정한 영웅이 되지요.

브루스 배너 박사는 감마선에 노출되어 그 영향으로 분노하면 녹색 거인으로 변신합니다. 변신 후에는 이성을 잃고 지능이 떨어지지요. 하지만 순간적으로 괴력이 생기고 어지간한 공격에는 금세 회복될 정도로 재생 능력이 뛰어납니다. 분노지수가 높아지면 파괴력도 더 높아져 어지간한 영웅들도 헐크의 힘은 감당하지 못합니다.

캡틴 아메리카는 파워 수트도 없고, 온갖 것을 박살 낼 망치도 없습니다. 몸 자체가 무기인 헐크에 비하면 더더욱 빈약한 영웅이지요. 하지만 강한 애국심과 도덕성으로 무장한 리더십은 그의 필살기입니다. 그의 인간성과 곧은 심성 때문에 어벤져스 히어로들도 그를 따를 수밖에 없습니다.

불의의 사고로 절망에 빠진 천재 외과 의사가 있습니다. 닥터 스트레인지입니다. 에인션트 원을 만나 혹독한 훈련 끝에 마법의 힘을 얻습니다. 유체 이탈, 공중 부양, 순간이동도 할 수 있고, 빨간 망토를 입고 하늘도 날아다닙니다. 이런 그에게도 약점은 있습니다. 큰 충격을 받으면 쉽게 기절한다는 것입니다. 인간적인 모습이지요. 영웅치고는 평범한 신체를 지닌 것이 그의 약점입니다.

타노스가 벌레라고 조롱한 자그마한 십 대 소년이 있습니다. 스파이더맨입니다. 날렵한 몸으로 거미줄을 쏘면서 적의 집중력을 흐리게 하지요. 너무 빨라 쉽게 잡히지도 않습니다. 그의 약점은 말이 많고 산만하다는 것입니다. 어벤져스 중 가장 어려서

인지 호기심이 지나치게 많고 상황 판단력이 떨어집니다. 하지만 각종 고난을 겪으며 한층 더 성장하지요.

전지전능한 영웅은 단 한 명도 없듯이 우리도 강점과 약점을 모두 가지고 있습니다. 다만 강점을 찾지 못했거나 약점에 집착한 나머지 자신의 강점 찾기를 일찍 포기해 버릴 뿐입니다.

회사에 제출하는 자기소개서에는 으레 다음과 같은 질문이 제시되어 있습니다.

- 자신의 강점은 무엇인가요?
- 자신의 약점은 무엇인가요?

여러분은 뭐라고 대답할 건가요? 누군가가 나의 강점과 약점을 묻는다면 금방 그 답이 머릿속에 떠오르지 않습니다. 평소에 강점을 알아보고, 약점을 극복하고자 노력해 본 학생들만 대답할 수 있습니다.

무언가를 좋아하는 마음이 재능이자 강점이다

우리나라 5만 원짜리 지폐에는 신사임당의 얼굴이 있지요. 미국 100달러 지폐에는 누가 있을까요? 미국 건국의 아버지라 불리는 과학자 겸 정치가 벤저민 프랭클린입니다. 미국 지폐는 대부분 미국의 대통령을 모델로 하는데, 벤저민 프랭클린은 대통령이 아님에도 지폐의 모델입니다. 이 사실로 미루어 보아 그가 얼마나 미국인들에게 추앙받는지 알 수 있지요. 피뢰침, 이중초점 렌즈 등을 발명한 그는 과학에 해박한 지식이 있었는데, 그에 못지않게 수많은 명언을 쏟아 냈습니다.

"자신의 능력을 감추지 마라. 재능은 쓰라고 주어진 것이다. 그늘 속의 해시계가 무슨 소용이랴."

"인생의 진정한 비극은 우리가 충분한 강점을 갖지 않은 데 있지 않고, 오히려 가진 강점을 충분히 활용하지 못하는 데 있다."

여기서 말하는 강점은 타인과 비교해서 더 잘하는 걸 의미하지 않습니다. 단순히 타인과 비교하며 약점을 보완하느라 시간을 허비하지 말고, 나의 강점을 제대로 알고 활용하는 데 시간을 써 봅시다.

내가 어느 지점에서 즐거움을 느끼는지 알면 강점 찾기가 수월해집니다. 알랭 드 보통은 저서 『뭐가 되고 싶냐는 어른들의 질문에 대답하는 법』에서 이렇게 말합니다.

> 지금 좋아하는 것의 '어른 버전'을 찾지 마세요. 과자를 좋아한다고 해서 과자 공장을 운영하고, 축구를 좋아한다고 해서 축구선수가 되겠다고 결심할 필요는 없다고요. 세상에는 수천 가지 직업이 있는데, 즐거움을 기준으로 직업의 범위를 걸러내면 자신에게 적합한 일자리를 찾기가 좀 더 수월해집니다.

다음에 소개된 12가지 즐거움을 보면서 나에게 맞는 즐거움이 있는지 확인해 보세요. 내가 어떤 즐거움을 느끼는지, 나와 딱 맞는 즐거움이 있는지 알아보며 진로의 방향을 정할 수 있습니다.

예를 들어, '질서의 즐거움'을 느꼈다면 회계사, 물류관리사가 잘 맞을 수 있고, '주목받는 즐거움'을 느꼈다면 기업 경영인, 연예인 등을 생각할 수 있습니다.

즐거움의 종류	예시
돈벌이의 즐거움	· 쿠키를 만들어 중고거래에 파는 게 좋다. · 내가 한 일의 대가로 돈을 받는 게 신기하다.
아름다움의 즐거움	· 집을 꾸미거나 선물 포장하는 게 좋다. · 건물이 마음에 안 들어 내가 다시 짓고 싶다.
창작의 즐거움	· 레고 블록으로 만들어질 무한한 가능성을 사랑한다. · 소설과 다른 결말을 상상하는 걸 좋아한다.
이해하는 즐거움	· 수학 문제를 왜 그렇게 푸는지 궁금하다. · 전자기기가 작동하는 원리가 궁금하다.
주목받는 즐거움	· 연극에서 등장인물 연기를 하면 내가 확장되는 느낌이다. · 내가 좋아하는 일을 했을 때 사람들이 알아주면 좋겠다.
기술의 즐거움	· 드라이브 세트로 경첩을 고쳐서 뿌듯하다. · 자동차의 움직임에 관심이 간다.
남을 돕는 즐거움	· 친구들과 구출 놀이하는 것을 좋아한다. · 친구들의 고민을 들어줄 때 괜찮은 사람이 된 것 같다.
앞장서는 즐거움	· 앞장서서 문제를 해결해 주고 싶다. · 팀의 대표 자리를 맡는 게 좋다.
가르치는 즐거움	· 누군가 실수하면 바로잡도록 돕고 싶다. · 친구가 모르는 것을 가르쳐 줄 때 자신감이 생긴다.
질서의 즐거움	· 숙제할 때 깨끗하게 쓰는 걸 좋아한다. · 주기율표를 보면 성분별로 깔끔하게 분류되어 보기 좋다.
자연의 즐거움	· 자연 다큐멘터리를 보면 직접 가 보고 싶다. · 캠핑하러 가서 텐트를 치는 것은 짜릿하다.
독립의 즐거움	· 혼자여도 지루함을 느끼지 않는다. · 조용히 나만의 일을 할 수 있는 평화로운 시간을 좋아한다.

빨주노초파보. 타노스가 그토록 모으고자 했던 여섯 개의 돌멩이, 인피니티 스톤의 색깔입니다. 빅뱅Big Bang과 함께 만들어진 인피니티 스톤은 우주의 본질을 담고 있는 물질로 설정되어 있습니다. 공기놀이의 공기알처럼 생긴 조그만 돌들은 각각 엄청난 능력을 가지고 있습니다. 신적인 존재들의 능력이 응축되어 있고 무한한 에너지를 뿜어냅니다. 『반지의 제왕』에 나오는 절대반지처럼 세상을 삼킬 수 있는 힘을 가지고 있습니다. 6가지 색깔의 인피니티 스톤은 각기 다른 능력이 있습니다.

- **리얼리티 스톤(빨강)**은 사용하는 사람의 생각이 실현될 수 있도록 일시적으로 조작하는 능력이 있습니다. 예를 들면 무기를 비눗방울로 만든다거나 하는 그런 능력이죠.
- **소울 스톤(주황)**은 지혜를 얻고 영혼 세계로 들어갈 수 있는 능력이 있습니다. 봉인된 소울 스톤을 얻기 위해서는 사랑하는 사람을 제물로 바쳐야 했는데요. 타노스는 자신의 양녀인 가모라를 죽음으로 몰아넣고 소울 스톤을 얻습니다.
- **마인드 스톤(노랑)**은 세뇌 등을 통해 다른 사람의 정신세계를 지배할 수 있습니다. 아이언맨의 인공지능 자비스와 마인드 스톤이 결합해 비전이라는 새로운 영웅이 탄생했는데요. 마인드 스톤을 소유한 비전은 결국 타노스의 공격 대상이 됩니다.

- **타임 스톤(초록)**은 시간을 다룰 수 있는 능력이 있어서, 시간을 역행하거나 미래를 내다볼 수 있습니다.
- **스페이스 스톤(파랑)**은 공간 이동 능력이 있습니다.
- **파워 스톤(보라)**은 물체를 파괴하는 힘이 있는데 그 힘은 행성조차 파괴할 수 있다고 합니다.

이 중 하나만 가져도 좋을 것 같은데, 욕심쟁이 타노스는 여섯 개 모두를 가지기 위해 온 우주를 짓밟고 다녔지요. 이제 현실로 돌아와 볼까요? 돌멩이 하나로 행성을 폭파할 수는 없습니다. 시공간을 이동할 수도 없고요. 하지만 인피니티 스톤처럼 강력한 힘을 발휘할 수 있는 나만의 능력을 찾아보면 어떨까요? 한낱 돌멩이에 불과한 물체라도 재능을 찾는 순간 인피니티 스톤처럼 에너지를 뿜어낼 수 있습니다.

숨겨진 재능을 어떻게 찾을까?

1. 어떤 일을 할 때 즐거운가요?

스마트폰만 들여다봐도 즐겁다고요? 학교에 안 가면 좋다고요? 그런 거 말고는 없나요? 저도 스마트폰을 만지면서 멍때리는 걸 좋아하지만 거기에서 재능을 찾기는 어렵습니다. 학교에 안 가면 다양한 경험을 할 수 없으니 결석하는 것은 재능 찾기의 방법이 될 순 없겠죠. 학교에서 하는 다양한 체험 활동 중에서 열정적으로 몰두한 경험이 있는지 생각해 보세요. 무언가를 시간 가는 줄 모르고 한 적이 있다면 거기에 재능이 있을 가능성이 큽니다.

2. 선생님이나 친구들에게 사소한 일이라도 잘했다고 칭찬받은 적이 있나요?

기말고사 시험을 치면 쉬는 시간에 학생들끼리 정답을 공유하곤 하는데, 그때 자신에게 정답을 물어본 친구가 있었나요? 그 친구는 여러분이 그 과목에 재능이 있다고 생각한 것입니다. 나는 나의 재능을 못 알아채지만, 주변 사람이 나의 재능을 알아봐 줄 때가 있거든요. 그런 순간을 놓치지 마세요. 선생님이 무심코 던진 한마디에 진로를 결정한 친구들도 많아요. 진로라는 것이 몇 년 동안 고민한다고 좋은 선택을 하게 되는 것도 아니고, 우연히, 그것도 다른 사람의 말 한마디에 자극을 받아 결정될 때도 있거든요.

3. 일단 뭐든 해보세요!

체험 기회가 많이 있지만 대다수 학생들은 귀찮아합니다. 심지어 국영수 공부를 못하니 다른 것도 못할까 봐 지레 포기하는 학생도 많습니다. 저는 여러분이 아무거나 해 볼 용기를 가지면 좋겠습니다. 아무것도 하지 않으면 아무 일도 일어나지 않습니다. 뭐라도 해야 재능을 발견할 수 있답니다.

4. 나의 재능을 어렴풋이 찾았다면 그다음 단계는 무엇일까요?

타고난 재능만 가지고는 절대로 성공할 수 없습니다. 하나가 더 필요한데, 그것은 바로 꾸준한 노력과 훈련입니다. 재능이란 어떤 일을 하는 데 필요한 재주와 능력입니다. 개인의 타고난 소질뿐만 아니라 훈련으로 획득된 능력 모두를 말하죠. 그런데 사람들은 보통 "난 장사에 소질이 없나 봐. 손님이 없어.", "손흥민은 축구에 천부적인 소질이 있으니까 뭐.", "나는 공부 머리가 없어. 우리 부모님을 보면 알아." 이런 식으로 타고난 능력과 결과에만 집착합니다. 과연 손흥민은 타고난 재능 때문에 성공했을까요?

전지전능한 영웅은 단 한 명도 없듯이
우리도 강점과 약점을 모두 가지고 있습니다.
다만 강점을 찾지 못했거나 약점에 집착한 나머지
자신의 강점 찾기를 일찍 포기해 버릴 뿐입니다.

진로 더하기 생각

☑ 지금부터 나의 강점을 알아보고 자신감을 찾아볼까요? 인터넷에서 〈커리어넷-진로심리검사-중·고등학생용-직업적성검사〉를 찾아보세요. 직업과 관련된 다양한 능력을 어느 정도로 갖추고 있는지 무료로 알아볼 수 있답니다. 중학생은 66문항, 고등학생은 88문항에 답변을 해야 결과지를 볼 수 있습니다. 총 열한 개 영역 중에 가장 상위 영역 세 개를 알려주고 관련 직업군도 소개해 줍니다. 또한 자신이 부족한 부분에 대해서 어떻게 보완할 수 있는지 해결책을 알려 주지요. 그 방법을 참고하여 내가 어떤 노력을 기울여야 하는지 생각해 보세요. 또한 우리가 살아가는 데 필요한 직업 적성에는 무엇이 있는지 떠올려 보세요.

㉮ 다른 사람을 잘 웃기는 능력, 말을 조리 있게 잘하는 능력, 예의범절, 리더십, 열정 등

☑ 우주 깡패 타노스의 영혼이 한국에서 잠자고 있던 괴물에게 들어왔습니다. 동굴 속에서 깊은 잠에 빠져 있던 이 괴물은 지구의 기상이변으로 말미암아 기지개를 켜고 잠에서 깨어났어요. 이 괴물이 가장 무서워하는 것은 바로 어린이와 어른의 중간 생명체, 청소년입니다. 다행히 자신의 강점을 잘 알고 있는 에너지 충만한 청소년은 무서워서 못 건드리는데요. 결국 지구를 지킬 수 있는 건 여러분의 강점입니다. 타노스가 건틀릿에 인피니티 스톤 여섯 개를 모았듯이, 여러분만의 건틀릿에는 어떤 강점을 넣고 싶은가요?

공부는 왜 해야 할까요? 좋은 대학,
좋은 직장에 가기 위해서? 아니면 돈을
많이 벌기 위해서? 공부를 잘하면 명문
대는 갈 수 있습니다. 대학이 목적이라면
그냥 공부만 하면 됩니다. 그런데 공부만
잘한다고 해서 취업을 잘하는 건
아닙니다. 또한, 공부를 잘한다고 해서
돈을 많이 버는 것도 아닙니다.
공부를 못했어도 돈을 잘 버는 사람은
많습니다. 이쯤 되면 이렇게 묻겠지요.
"공부 안 해도 되겠네요. 저는 좋은
대학에 안 가도 되니까요."
그럼에도 불구하고 공부를 해야 하는
이유는 한마디로 '잘 살기' 위해서입니다.

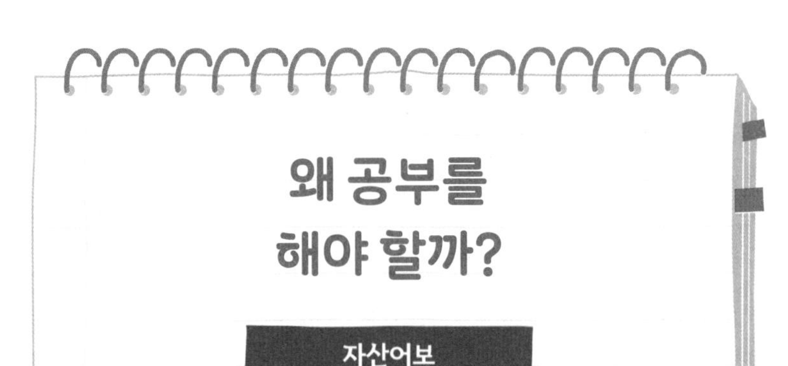

『자산어보』는 정약전이 쓴 우리나라 최초의 해양생물학과 수산학 서적입니다. 정약전은 정약용의 형이기도 합니다. 정약용은 다들 알다시피 조선의 천재였고, 한국의 레오나르도 다 빈치로 불립니다. 공학, 역사, 지리, 의학, 성리학 등 거의 모든 지식에 통달했고, 저술한 책이 500여 권이나 됩니다. 이 둘은 평생 신뢰하는 벗이자 멘토로 살았다고 합니다. 정약전, 정약종, 정약용 삼 형제는 '서학'을 공부했다는 이유로 모략의 대상이 되었습니다. 서학은 조선 중기 이후 조선에 전래된 서양 사상과 문물을 의미합니다. 좁은 의미로는 천주교를 뜻했습니다. 천주교를 박해하던 시절이라 정약종은 처형당하고, 정약용은 강진으로, 정약전은 흑산도로 유배를 갔습니다.

영화 〈자산어보〉는 정약용의 형 정약전에 관한 이야기입니다. 실학자인 정약전과 흑산도 청년 창대와의 협력과 갈등을 흑백영화에 잔잔하게 그려내고 있습니다. 건전하고 교훈적인 영화지만 지루하지는 않습니다. 배우들의 사투리 연기와 웃기는 대사로 보는 내내 웃음이 지어집니다. 가슴 뭉클한 감동과 재미까지 보장합니다.

호기심이 많던 정약전은 흑산도에서 바다 생물에 매료되고, 책을 쓰게 되었지요. 흑산이라는 말이 음침하고 어두워 가족에게 편지를 보낼 때마다 흑산 대신에 자산茲山('玆'에는 흑이라는 뜻도 있기 때문)이라고 적어 보냈기 때문에 '흑산어보'가 아니라 '자산어보'가 되었다는 이야기도 있습니다.

물고기 덕후가 알려 주는 공부의 이유

이 영화의 중심축은 정약전(설경구)과 창대(변요한)입니다. 흑산도 청년 창대는 물고기에 해박한 지식을 가지고 있습니다. 양반의 서자로 태어났지만, 책을 읽으며 신분 상승을 꾀합니다. 양반이 되기 위해 글공부에 매진하지만 가르쳐 줄 스승이 없어 답답함을 호소합니다. 성리학에 깊은 믿음을 갖고 있는 창대는 서학을 하다 유배 온 정약전은 쳐다도 안 봅니다. 그러다 어느 날 술에 취해 바다에서 죽을 뻔한 정약전을 구해 주면서 두 사람은 조금씩 가까워집니다.

정약전은 해양생물에 관한 책을 쓰기 위해 창대의 도움이 필요했고, 창대는 글공부를 위해 정약전이 필요했습니다. 창대가 혼자 글공부를 하며 어려움을 겪고 있다는 것을 알게 된 정약전은 서로의 지식을 거래하자고 제안하고, '거래'라는 말에 창대는 못 이기는 척 받아들입니다.

정약전은 서학에 능통하고 식견이 넓어서인지 생각이 유연합니다. 학문을 배우는 데 위아래가 없고, 상놈과 양반을 따지지 않습니다. 이 둘은 서로에게 스승인 동시에 제자입니다. 배움을 주고받습니다. 하지만 배움의 이유는 조금 다릅니다. 여러분도 공부를 하다 보면 이런 질문을 스스로 던지곤 하지요.

"내가 왜 이렇게까지 해야 하지?"

"나는 공부를 왜 하는 건가?"

"공부를 열심히 하면 뭐가 좋은 거지?"

즉, 공부하는 이유에 대해 의심이 들고, 학습 의욕은 서서히 수그러들 것입니다. 공부에 회의감이 드는 학생을 위해서 공부에 대해 말하고자 합니다. 공부라는 말만 들어도 거부감이 일고 귀를 틀어막고 싶나요? '배움, 학습, 공부, 스터디, 학문'을 금기어 리스트에 올려두고 생각조차 하기 싫을 수도 있습니다. '싫지만 해야 하는 것'에 동의하면서도 인정하고 싶지 않지요. 하지만 여기서 말하는 공부는 문제집을 풀고, 학원 숙제를 하고, 시험을 보는 것만 뜻하지 않습니다.

사람은 평생 공부하며 살아갑니다. 하루가 다르게 변하는 세상에 적응해 살아가려면 끊임없이 배워야 합니다. 이건 불변의 법칙입니다. 공부를 하지 않으면 해상도 낮은 카메라로 세상을 보는 것과 같습니다. 우리는 변동성이 심한 사회에 살고 있습니다. 미래가 불안하고, 앞이 잘 안 보입니다. 최고의 화질을 보장하며, 세상을 선명하게 볼 수 있도록 도와주는 것이 공부입니다.

대학 도서관은 밤새도록 불이 켜져 있습니다. 일부 직장인들은 퇴근 후에도 어학 공부나 독서 모임을 가집니다. 대학만 붙으면, 취업만 하면 공부와는 담쌓고 살 텐데, 왜 많은 사람이 계속 공부를 할까요? 여러분은 왜 공부를 하고 있나요? 정약전도 창대에게 묻습니다.

"넌 공부를 왜 하냐?"

이 물음이 핵심입니다. 유배지에서도 학문에 대한 열정을 잃지 않았던 정약전은 공부의 이유가 확실합니다. 첫째는 '호기심 대마왕'이라 배움 그 자체가 즐겁습니다. 그래서인지 자신보다 어린 사람의 의견도 귀담아듣습니다. 또 다른 이유는 세상을 이롭게 하기 위해서입니다. 『자산어보』가 사람들의 삶에 쓸모가 있길 바라면서 꼼꼼하게 바다 생물을 관찰하고 기록합니다.

한편, 창대는 다릅니다. 처음에는 양반인 아버지에게 인정받기 위함이었고, 출세를 위해 공부에 매진합니다. 부모님께 혼나지 않기 위해, 성공이나 좋은 직장을 얻기 위해 공부하는 오늘날 사람들과 비슷합니다. 하지만 창대는 자신의 바람대로 출세하지만 부패한 양반의 모습에 환멸을 느끼고 고향으로 돌아옵니다. 그 후 아이들을 가르치는 훈장이 됩니다.

내가 잘 살기 위해서 하는 것이 공부다

다시, 공부는 왜 해야 할까요? 좋은 대학, 직장에 가기 위해서? 아니면 돈을 많이 벌기 위해서? 공부를 잘하면 명문대는 갈 수 있습니다. 대학이 목적이라면 그냥 공부만 하면 됩니다. 그런데 공부만 잘한다고 해서 취업을 잘하는 건 아닙니다. 또한, 공부를 잘하면 돈을 많이 버는 것도 아닙니다. 공부를 못했어도 돈을 잘 버는 사람은 많습니다. 이쯤되면 이렇게 묻겠지요.

"공부 안 해도 되겠네요. 저는 좋은 대학에 안 가도 되니까요."

그럼에도 불구하고 공부를 해야 하는 이유는 한마디로 '잘 살기' 위해서입니다. 잘 산다는 것은 많은 의미가 함축되어 있습니다. 잘 산다는 것은 사람마다 해석이 달라질 수 있습니다.

- 좋은 대학에 가는 것
- 돈을 많이 버는 것
- 남에게 신세를 지지 않는 것
- 현재를 충실히 사는 것

좀 더 구체적으로 말하면 우리가 공부하는 이유는 이렇습니다.

첫째, 공부를 잘하기 위한 노력은 최고의 능력입니다. 누군가에 떠밀려서가 아니라 스스로 책상 앞에 앉아 책을 펼치는 그 노력 말입니다. 가만히 앉아서 책을 읽는 것은 고행의 과정입니다. 게임도 하고 싶고, 친구와 놀러 다니고 싶은 충동을 억제해야 하니까요. 어려운 수학 문제에 끙끙대면서 해결하려는 의지는 아무나 가지고 있는 건 아닙니다. 스스로 무언가를 해결하려는 투지는 하루아침에 만들어지지 않지요. 학창 시절 어렵게 공부해 본 경험이 쌓여야만 가질 수 있는 것입니다. 꾸준히 공부하는 것도 능력입니다. 능력은 갈고 닦아야만 빛을 발할 수 있습니다.

공부를 하면 노력하는 법을 배울 수 있습니다. 열정만 있다고 해서 성공하는 것은 아닙니다. 열심히 공부해 본 학생이라면 인생에서 닥쳐올 온갖 어려움에 어떤 식으로 노력해야 하는지 스스로 알 수 있습니다.

둘째, 자기효능감을 심어 줍니다. 특정한 작업이나 과제를 수행하는 능력에 대한 자신감을 자기효능감이라고 합니다. 쉽게 말해 '할 수 있다'는 믿음을 말합니다. 자기효능감이 높은 사람은 도전적인 목표를 설정하고 노력하는 경향이 있습니다. 반면 자기효능감이 낮은 사람은 도전하지 않고 쉬운 목표만 택합니다. 이로 인해 자기 발전의 기회를 놓칩니다. 공부를 하게 되면 자기효능감이 높아집니다. 공부하는 학생은 스스로 목표를 세웁니다. 예를 들어 "오늘의 목표는 영어 단어 50개, 수학 문제집 1장, 독서 30분이야." 등 매일 작은 목표를 정하고 성취하는 경험을 쌓으면 더 큰 목표도 이룰 수 있다는 자신감이 생깁니다.

셋째, 공부는 일종의 보험이자 가장 확실한 투자입니다. 지금 당장은 하고 싶은 일이 없어도 1년 뒤, 5년 뒤에도 하고 싶은 일이 없을까요? 그때는 분명 하고 싶은 일이 생깁니다. 그런데 저조한 성적이 내 발목을 잡습니다. 공부를 잘해 놓으면 하고 싶은 일을 하는 데 발목 잡히지 않습니다. "공부에도 때가 있다."라는 말이 있지요. 나중에 공부를 하려고 하면 시간이 오래 걸리고 공부량도 더 많아집니다.

이시형 교수는 대한민국을 대표하는 정신과 의사이자 뇌과학자입니다. 책 제목이 좀 살벌하긴 한데, 그는 저서 『공부하는 독종이 살아남는다』에서 공부가 매우 효율적인 투자임을 밝혔습니다. "공부는 하면 할수록 우리의 뇌는 활성화된다. 해마의 신경세포가 증식하기 때문이다. 새로운 신경세포는 노화를 방지하고, 젊음과 건강을 유지하게 해준다."라며 공부가 우리 삶에 생기와 의욕을 불어넣어 준다는 점을 강조했습니다.

공부는 가장 확실한 투자입니다. 주식이나 비트코인, 부동산 등으로 단기간에 수십억을 벌었다는 기사를 본 적이 있을 겁니다. 그 말을 듣고 과감하게 위험성이 높은 곳에 투자하는 사람들도 있지만 대부분 실패합니다. 가진 돈을 불리기 위해서 투자를 하는 것은 잘못이 아닙니다. 일확천금을 노리며 한 방에 무언가 해 보려는 걸 탓하는 것입니다. 누군가의 투자에 혹해 소중한 재산을 베팅하면서, 왜 자신의 능력을 키우는 데는 베팅하지 않을까요? 공부는 재산을 잃지 않고 능력을 불려 주는 가장 확실한 투자처입니다. 대부분의 투자는 손실을 볼 리스크를 감수해야 하지만, 공부는 차곡차곡 쌓이기만 합니다.

공부하기 전에 질문을 먼저 떠올려라

흑산도 청년 창대는 정약전에게 이렇게 투덜거립니다.

"아따 겁나게 질문이 많아요."

정약전이 살아서 현재로 온다면 어떤 별명이 어울릴까요? 물음표 살인마, 질문 종결자, 호기심 대마왕? 정약전은 유배를 간 흑산도에서 새로운 세상을 발견하는데요. 그 세상의 주인공은 물고기입니다. 새로운 물고기를 볼 때마다 이름을 묻습니다. 도미나 해파리에 대해서도 끊임없이 질문을 퍼붓자 창대의 짜증은 폭발합니다. 정약전은 이렇게 응수합니다.

> "질문이 곧 공부야 이놈아. 외울 줄밖에 모르는 공부가 나라를 망쳤어."

조선 시대 정약전이 마치 우리에게 호통치는 것 같습니다. 지금과 같은 입시제도에서는 암기가 효과적이긴 합니다. 하지만 비판적 사고 없이 암기에 의존한 학생들은 학교를 졸업하고 큰 난관에 부딪힐 수 있습니다. 암기력으로 공부한 것이 쓸모없다는 걸 깨닫게 됩니다.

2010년 서울에서 열린 G20 정상회의에서 있었던 일입니다. 기자회견장에서 오바마 대통령은 개최국인 한국의 기자들에게 질문권을 주었습니다. 하지만 그 누구도 질문하지 않았습니다. 오바마는 통역까지 배려하며 여러 차례 질문을 권유했습니다. 정적이 흐르자 중국 기자가 이때다 싶어 질문을 낚아채려 합니다. 오바마 대통령은 한국 기자에게 재차 질문을 권했지만 꿀먹은 벙어리로 일관해 결국 질문권은 중국 기자에게 넘어갔습니다. 수업 시간 학생들과 이 영상을 함께 보았습니다. 다들 부끄럽다고 하더군요. 여러분들이라면 그 상황에서 용기 있게 질문할 수 있을까요? 수업 도중 선생님께서 이해 안 되는 부분을 질문하라고 하면 모두 이해했다고 말합니다. 궁금한 게 없다고 답합니다. 수업이 끝나갈 때쯤 질문을 받겠다고 하면 다들 책상에 엎드리거나 주섬주섬 가방을 챙기기 바쁩니다.

알베르트 아인슈타인은 질문에 관해 이런 말을 했습니다.

"나에게 1시간이 주어진다면 처음 55분은 적절한 질문을 결정하는 데 쓸 것이다. 정답을 찾는 데는 5분도 걸리지 않는다."

질문을 얼마나 중요하게 생각했는지 보여 주는 대목이며, 질문의 수준이 답변의 수준을 결정한다는 뜻입니다.

바야흐로, 챗GPT 시대입니다. 질문만 하면 답변이 척척 나옵니다. 다들 성실한 인공지능에 중독된 듯합니다. 독서, 코딩, 영어학습 등에서 챗GPT를 통해 많은 도움을 받고 있습니다. 챗GPT만 있는 것이 아닙니다. 인공지능 서비스 플랫폼이 점점 늘어가고 있습니다. 누구나 쉽게 좋은 정보를 획득할 수 있습니다. 이제는 정답을 맞히는 능력이 아닌 질문하는 능력을 키워야 하는 시대입니다.

그렇다면 질문이 왜 필요할까요?

1. 명확하게 알기 위해서입니다

아무리 하찮은 것이라도 질문을 해야 합니다. 대충 아는 것이 습관이 되면 모르는 것을 당연하게 여깁니다. 질문을 통해 지식의 구멍을 채워감으로써 우리의 뇌는 이해하기 쉬운 방식으로 정리하고 기억하게 해 줍니다.

2. 능동적인 학습 태도를 길러 줍니다

질문은 내가 중심이 되는 공부법입니다. 내가 질문함으로써 주변인의 관심을 받습니다. 질문을 통해 배우는 학습은 그 자체로 재미있어서 적극적일 수밖에 없습니다. 무언가에 대해서 아는 게 전혀 없거나 관심이 없으면 질문 자체를 던지기가 어렵습니다. 따라서 '질문하기 위해서라도' 스스로 정보를 탐색하게 됩니다. 비록 용기가 부족해서 손들고 질문을 못 했다고 하더라도 무의미하지 않습니다. 질문을 준비하는 과정에서 이미 모르는 것을 문장으로 만드는 과정을 거쳤기 때문입니다.

3. 상대방에게 관심을 가지고 하는 질문은 즐거운 대화의 시작입니다

질문이라고 하면 단순히 궁금한 점을 묻는 것으로 생각하기 쉬운데요. 도저히 설득이 안 되고 해결책이 없을 것 같은 상황에서도 질문 하나만으로 대화의 흐름과 사람의 마음을 바꿀 수도 있습니다.

4. 질문은 창의력과 관련 있습니다

창조적인 업적을 남긴 사람들은 끊임없이 "어떻게?", "왜?"라고 질문했습니다. 질문해야만 창의적인 결과가 나옵니다. 뉴턴은 "왜 사과는 위나 옆으로 떨어지는 것이 아니라 아래로만 떨어질까?", 아르키메데스는 "왜 물이 넘칠까?"라는 질문을 통해 위대한 발견을 할 수 있었습니다.

그렇다고 창의력이 천재들만 발휘하는 능력은 아닙니다. 무언가를 발명하거나 소설 또는 시를 쓰는 대단한 작업을 할 때나 필요한 것도 아닙니다. 우리가 어려운 일이나 곤란한 일을 만났을 때 방법을 찾는 것도 창의적인 일입니다. 조별 과제를 수행하는 일, 시험 계획을 짜는 일부터 음식을 만드는 일도 창의적인 일입니다. 이런 창의력은 질문하는 습관에서 길러집니다. 질문을 통해서 다양한 시야를 가질 수 있고, 심도 있는 생각을 끌어낼 수 있습니다.

도로시 리즈는 『질문의 7가지 힘』에서 제목 그대로 질문에는 이러한 힘이 있다고 했습니다.

1. **답이 나온다:** 질문을 받으면 대답을 하지 않을 수 없습니다.
2. **생각을 자극한다:** 질문하는 사람과 질문받는 사람의 사고를 자극합니다.
3. **정보를 얻는다:** 적절한 질문을 하면 원하는 정보를 얻을 수 있습니다.
4. **통제를 한다:** 사람은 스스로 상황을 통제하고 있을 때 안전함을 느낍

니다. 질문은 대답을 요구하므로 질문하는 사람이 유리한 입장에 서게 됩니다.

5. **마음을 열게 한다:** 질문은 상대방의 이야기에 관심을 보이는 것이므로 과묵한 사람이라도 자신의 생각과 감정을 드러내게 합니다.
6. **귀를 기울이게 한다:** 적절한 질문을 하면 분명한 대답을 듣게 되고, 중요한 일에 집중하기 쉬워집니다.
7. **질문에 답하면 스스로 설득이 된다:** 사람들은 누가 해 주는 말보다 자기가 하는 말을 더 잘 믿기 때문입니다. 따라서 질문을 요령 있게 하면 사람의 마음을 특정한 방향으로 움직일 수 있습니다.

질문을 잘하는 방법이 있습니다. 질문도 훈련이 필요합니다. 꾸준히 질문해 봐야 더 잘할 수 있습니다. 창피당할까 봐, 비웃음당할까 봐 겁먹을 필요 없습니다. 모르면서 아는 척하는 것을 부끄러워해야 합니다. 모르는 건 부끄러운 일이 아닙니다. 잠깐만 용기를 내면 평생 바보가 되는 걸 막을 수 있습니다.

질문도 적절하게 해야 합니다. 즉, 좋은 질문을 해야 합니다. 좋은 질문이란 정확하고 구체적인 질문을 뜻합니다. 그러려면 핵심과 맥락을 파악하는 능력이 필요합니다. 딴짓하고 있다가 주제에서 벗어난 질문으로 수업의 흐름을 끊어버리는 친구가 있습니다. '물음표 살인마'라는 신조어가 있더군요. 아주 작은 일도 스스로 판단하지 못하고 끊임없이 질문을 많이 하는 사람을 일컫습니다. 살인마라는 말이 좀 과하긴 하지만요. 스스로 검색해서 알아보는 과정을 생략한 채 끊임없이 질문해서 상대방을 피곤하게 한다는 의미입니다. 어리석은 질문을 하지 않기 위해서는 핵심을 파악해야 합니다. 가장 좋은 방법은 독서입니다. 전문가들이 입을 모아 하는 얘기입니다.

진로 더하기 생각

☑ 창대는 해양생물에 대한 지식이 풍부하고, 자연산 전복부터 괴기하게 생긴 초대형 물고기까지 못 잡는 것이 없습니다. 정약전은 그런 창대가 신기하기만 합니다. 물고기에 대해 어찌 그리 잘 아는지 묻습니다. 창대는 이렇게 대답합니다.

"물고기를 알아야 물고기를 잡응께요. 홍어 댕기는 길은 홍어가 알고, 가오리 댕기는 길은 가오리가 앙께요."

이 말에 정약전은 큰 깨우침을 얻습니다. 공부하면서 생각해 볼 수 있는 대목입니다. 지식을 배워서 어디에 쓸지 자신에게 질문해 보기 바랍니다.

☑ 창대는 아전을 죽일 뻔한 일로 옥에 갇혔다가 아버지의 구명으로 겨우 풀려납니다. 많은 돈을 지불한 아버지의 원망하는 소리에 창대는 이렇게 답합니다.

"배운 대로 못 살면, 생긴 대로 살아야지라."

창대가 말하는 두 삶의 차이는 무엇일까요?

배운 대로 사는 삶:

생긴 대로 사는 삶:

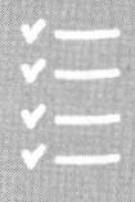

☑ 수업 시간에 자주 하는 질문은 무엇이고, 얼마나 자주 질문을 하나요?

☑ 여러분이 공부하고 스펙을 쌓는 궁극적인 목적은 무엇인가요?

장밋빛 미래는 '짠!' 하고 나타나지 않습니다. 10년 후 삶의 목표를 구체적으로 세운 학생과 그렇지 않은 학생의 미래는 분명 다릅니다. 비록 단순한 계획의 나열이고 작심삼일이 되더라도 지금 당장 포스트잇에 장기 목표(10년, 5년, 1년)와 단기 목표(1개월, 1주일)를 적어 보면 어떨까요? 물론 가장 중요한 것은 실천입니다.

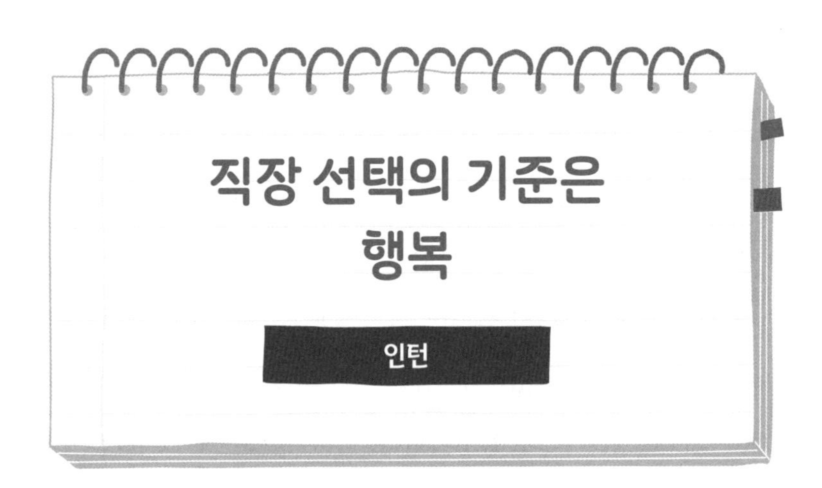

로버트 드니로는 수상 경력을 일일이 열거하기도 민망할 정도로 수많은 연기상을 받은 유명 배우입니다. 미친 연기력, 신들린 연기, 명배우 등의 수식어가 그를 따라다닙니다. 타의 추종을 불허하는 미국의 전설적인 배우이지요. 여러분에게는 다소 생소하겠지만 대부분의 영화에서 다소 거칠고 무서운 역할을 맡았는데, 영화 〈인턴〉에서는 눈과 어깨에 힘을 완전히 빼고 자상하고, 배려심 깊은 역할로 완벽한 변신을 합니다. 순한 맛으로 바뀐 로버트 드니로가 이 영화에서 어떤 연기로 우리에게 감동을 줄까요?

앤 해서웨이는 시원시원한 이목구비가 매력적인 배우입니다. 〈프린세스 다이어리Princess Diary〉 시리즈에서 비중 있는 역할을 맡은 후, 〈악마는 프라다를 입는다〉가 흥행하면서 이름을 알리게 됐죠. 〈악마는 프라다를 입는다〉에서 앤 해서웨이는 까칠한 패션지 편집장 밑에서 잡다한 심부름과 굴욕을 견디며 눈물을 쏟는 인턴 역할을 맡았는데, 영화 〈인턴〉에서는 보란 듯이 패션 회사의 성공한 CEO로 등장합니다. 이 두 영화는 인턴이라는 소재 말고도 패션 관련 회사가 배경이라는 공통점이 있습니다.

벤 휘태커(로버트 드니로)는 전화번호부 회사에서 임원으로 은퇴한 후 혼자 살고 있습니다. 옷장 속에는 수많은 넥타이와 정장이 들어 있고, 세계 여행도 남부럽지 않게 다닙니다. 외적으로는 풍족한 노후를 보내고 있지만 어느 날 삶에 난 구멍을 채우고 싶다며 패션 회사의 인턴으로 입사하지요.

줄스 오스틴(앤 해서웨이)은 'About the Fit'이라는 패션 회사를 창업한 여성 CEO이며, 딸을 키우고 있는 워킹맘입니다. 줄스의 회사가 점점 커지고 바빠져 집안을 돌보지 못하자 남편이 회사를 그만두고 육아를 전담합니다.

참고로 이 영화는 미국 온라인 쇼핑몰 네스티 겔Nasty Gel의 창업자 소피아 아모루소를 모델로 하여 만들어졌다고 합니다. 끼니를 때우기 위해 쓰레기통을 뒤지던 그녀의 인생 역전 스토리는 〈걸보스〉라는 드라마로 제작되기도 했습니다.

영화 〈인턴〉의 포스터에는 경험 많은 70세 인턴과 열정 많은 30세 CEO라고 주인공들을 소개하고 있는데요. 설정 자체가 이제까지의 편견을 깨뜨리는 만큼 섣불리 영화의 내용을 상상하지 않기를 바랍니다. 막장 드라마의 스토리 잣대에 끼워 맞추면 주제에서 한참 벗어납니다. 나이 차를 극복한 로맨스 영화가 아닙니다. 시니어 인턴에 거부감을 가졌던 줄스와 은퇴 후 설레는 마음으로 직장 생활을 시작한 벤은 앞으로 어떤 사이로 발전할까요?

10년 후 나는 무엇을 하고 있을까?

벤은 패션 회사에 취업하기 위해 면접을 보는데, 면접관이 이렇게 묻습니다.

저스틴: 10년 후에는 뭘 하고 계실 것 같으세요?

벤: 제가 80살 때요?

질문했던 면접관이 당황하면서 주제를 딴 데로 돌립니다. 아마 나이 80이 되면 이 세상에 계실지 안 계실지도 모르는 분에게 이런 질문을 하는 것이 부적절했다고 생각한 것 같습니다. 하지만 여러분은 이 질문을 꼭 기억하고 있어야 합니다. 각종 회사의 단골 질문이고, 영어 면접에서도 지겹도록 나올 테니 말이죠.

자신의 미래 모습을 상상하여 글을 써보는 수업을 진행한 적이 있습니다. 예를 들어 10년 후, 20년 후, 30년 후의 모습을 예상해 보고 긍정적인 미래 모습을 이루기 위해 노력하자는 취지였죠. 근데 선생님의 의도와는 다르게 부정적으로 쓴 친구, 아예 생각조차 하기 싫어하는 친구도 있었습니다. 예를 들면 60세에는 무덤 속에 있을 거라는 둥, 비트코인 하다가 전 재산을 탕진할 것이라는 둥 부정적으로 쓴 친구도 있었고, 자신의 노력과는 무관하게 허황된 내용을 적는 친구도 많았습니다. 로또에 당첨되어 직장을 그만두겠다는 둥 돈 많은 배우자 만나서 평생 호의호식하겠다는 둥…. 이런 걸 꿈이라고 말하기에는 좀 민망하지요.

쉬셴장이 쓴 『하버드 첫 강의 시간 관리 수업』에는 이런 얘기가 나옵니다. 하버드 대학에서 25년에 걸쳐 '목표가 인생에 미치는 영향'에 관한 실험을 진행했습니다. 지식수준, 학력, 생활환경 등 조건이 비슷한 청년들이었죠. 25년 후 그들의 사회적

지위를 조사해 보니, 목표가 없었던 27%는 하층민이 되어 있었고, 목표가 불분명했던 60%는 중하층, 분명하지만 단기적인 목표를 가졌던 10%는 중상류층이 되어 있었습니다. 분명하면서도 장기적인 목표를 가졌던 3%의 사람들만 25년 동안 단 한 번도 인생 목표를 바꾸지 않았습니다. 그때 세운 목표를 실천하기 위해 노력했고, 자수성가하거나 사회적 영향력이 강한 인물이 되었습니다.

장밋빛 미래는 '짠!' 하고 나타나지 않습니다. 10년 후 삶의 목표를 구체적으로 세운 학생과 그렇지 않은 학생의 미래는 분명 다릅니다. 비록 단순한 계획의 나열이고 작심삼일이 되더라도 지금 당장 포스트잇에 장기 목표(10년, 5년, 1년)와 단기 목표(1개월, 1주일)를 적어 보면 어떨까요? 물론 가장 중요한 것은 실천입니다.

변화하는 트렌드를 읽으며 진로를 찾는다

줄스는 자신의 어머니와 전화로 티격태격 다툰 후에 어머니를 욕하는 메일을 작성합니다. 그러고는 누군가에게 보내죠. 친구에게 보낸다는 걸 그만 어머니에게 보내 버립니다. 만약 그 메일을 어머니가 본다면 충격받아 심장마비로 돌아가실 수도 있다는 생각에 어쩔 줄 몰라 합니다. 컴퓨터 전문가들에게 물어보니 해킹할 방법이 없답니다. 그때 벤은 아주 발칙한 아이디어를 냅니다. 어머니의 집에 몰래 들어가 컴퓨터를 훔쳐 오자는 것이죠. 시니어 인턴답게 디지털 방식이 아니라 아날로그 방식으로 문제를 해결하려 합니다. 화분 밑에 숨겨 놓은 열쇠를 찾아 문을 열고 어머니 집에 들어갑니다. 만약 이 영화가 10년 뒤에 나온다면 아무리 화분을 뒤져도 열쇠가 안 나올 가능성이 큽니다. 그때는 줄스 어머니도 디지털 도어락을 사용할 테니까요. 열쇠를 화분 밑에 숨기지는 않을 겁니다.

신체 특징인 얼굴, 홍채, 지문, 정맥 등을 활용하거나 행동 특징인 음성, 서명, 걸음걸이 등을 활용하여 보안 시스템에 활용하는 기술을 생체인식 기술이라고 합니다. 이 기술이 더욱 일반화되면 수행평가 자료를 보관하는 USB, 학교에 타고 다니는 자전거, 여행 갈 때 필요한 캐리어 등을 분실한다고 해도 다른 사람이 사용하기는 힘들 겁니다. 열 수 있는 비밀이 우리 몸 안에 있으니까요.

연말이 되면 트렌드를 연구하는 책들이 베스트셀러가 됩니다. 또한 미래에 사라질 직업과 새로 생겨날 직업을 예측하는 것은 진로 교육의 일부가 된 지 오래입니다. 그만큼 세상의 변화는 우리의 진로와 직결되어 있습니다. 학생들에게 앞으로 사라질 물건들에 관해 물어봤는데, 핵심은 비껴가고 자신들의 희망 사항만 이야기합니다. 한 학생이 '학교와 학원'이 없어지면 좋겠다고 합니다. 공부에 지쳤나 봅니다. 그러자 다른 학생이 "어차피 우리는 몇 년만 더 다니면 되잖아. 우리 자식들도 학교, 학원은 다녀봐야지."라며 반박합니다. 그러고 보니 여러분의 자녀들이 다니는 학교와 학원은 어떤 모습이 될지 궁금해지는군요.

기술이 발전함에 따라 역사 속으로 사라지는 물건도 있고, 새로 등장하는 물건도 있습니다. 이러한 트렌드를 지켜보면서 앞으로 나는 어떤 일에 종사하게 될지 한번 상상해 보세요.

올바른 근거로 선택했다면 흔들리지 마라

『허클베리 핀의 모험』, 『톰소여의 모험』, 『왕자와 거지』 등의 소설을 쓴 이 사람은 누구일까요? 미국 문학의 아버지, 마크 트웨인입니다.

"새들아, 너희들이 우는 것은 본능이나 좀 멀리서 울어다오. 지금 우리 올리비아가 자고 있단다."

사랑꾼 마크 트웨인은 올리비아가 아플 때마다 이 글을 집 앞 나무에 걸어 두었습니다. 마크 트웨인의 사랑의 대상 올리비아는 그의 아내입니다. 아내가 브래지어 끈 때문에 불편함을 느끼자 '브래지어 후크'를 발명해 버립니다. 이런 사랑꾼을 하늘이 질투한 걸까요? 아내 올리비아는 오랫동안 병고에 시달리다가 먼저 세상을 떠납니다. 자녀들도 대부분 마크 트웨인보다 일찍 죽어 가슴 아픈 가족사를 가지고 있지만, 그는 특유의 유머를 잃지 않고 살았습니다.

회사 경영권을 두고 고민하던 줄스에게도 마크 트웨인의 조언이 필요했습니다. 부엌에서 시작한 줄스의 회사는 18개월이라는 짧은 시간에 직원 220명을 거느릴 정도로 고속 성장했습니다. 이에 투자자들은 전문경영인을 요구하게 되고, 줄스의 남편은 줄스가 가정으로 돌아오기를 원합니다. 유능한 엔지니어였던 남편은 줄스를 위해 전업주부가 되었지만 살림과 육아를 혼자 감당하기에는 힘에 부쳤기 때문입니다. 그럼에도 회사와 일에 대한 열정이 누구보다도 큰 줄스는 선뜻 회사를 외부 CEO에게 맡기기가 망설여집니다. 그녀가 회사와 가정 사이에서 고민하던 중, 벤은 마크 트웨인의 말을 인용하여 따뜻하고 진심 어린 조언을 해 줍니다.

"옳은 일을 하는 건 절대 나쁜 일이 아니에요."

선택지가 너무 많아서 고민에 빠진 학생도 있을 것입니다. 성적이 너무 좋으면 이런 경우가 생깁니다. 공대를 가서 요리하는 로봇을 만들고 싶은데 부모님은 의대 진학을 요구합니다. 성적이 최상위권이면 이런 갈등에 흔들릴 수밖에 없습니다. 현실적인 이유로 부모님의 의견에 딱히 반박할 근거도 없지요. 학과를 선택한 후 다시 바꾸는 것은 굉장히 어렵습니다. 재수나 반수를 해서 1년을 기다려야 합니다. 최소 1년이고 더 길어질 수도 있습니다. 후회 없는 결정을 내리기 위해서는 나름의 기준을 정해 두어야 합니다. 영화 속 줄스가 마크 트웨인의 말에 위로받고 과감하게 선택을 한 것처럼 말이죠. 바쁜 회사 업무로 인해 가족에게 소홀했던 줄스는 죄책감에 시달렸습니다. 결국 회사 경영을 대신해 주는 전문경영인을 찾게 됩니다. 하지만 그 누구도 줄스보다 회사를 사랑하진 않습니다. 회사를 경영할 수 있는 적임자는 결국 자기 자신임을 깨닫게 되지요. 줄스가 직접 회사를 경영하는 것은 마크 트웨인의 말을 빌리면 '옳은 일'이었던 것입니다.

학과를 선택할 때도 마찬가지입니다. 나름의 기준에 맞춰 선택했다면 그건 '옳은 일'입니다.

선택의 상황은 끊임없이 우리를 괴롭힙니다. 고등학교 진학을 예로 들어 볼까요? 수업 분위기는 엉망인데 거리가 가까운 학교와 수업 분위기는 좋은데 통학 거리가 먼 학교 중에서 어디를 선택할 건가요? 기준을 정해야겠지요. 멀미가 심해서 버스를 타고 통학하기 힘들다면 가까운 학교가 좋습니다. 대신 산만한 수업 분위기를 견뎌야 합니다. 반면에 수업 분위기만큼은 양보하지 못하겠다면 긴 통학 거리를 참을 수 있어야 합니다. 모든 건 자신의 기준에 따라 달라집니다. 선택은 본인 스스로 해야 한다는 것입니다.

모든 것이 완벽하게 갖춰진 상태는 없습니다. 남들이 알아주지 않더라도 자신이 옳다고 판단했다면 결정을 내려야 합니다.

생각이 너무 많아서 힘든가요? 주변의 시선 또는 앞으로 나올 결과가 걱정되어 옳다고 생각이 되는데도 망설이고 있나요? 나에게 '옳은 일'이 무엇인지 생각해 보고 한번 도전해 보세요.

미래를 바꾸는 독서와 감사일기

벤과 인턴 동료들은 줄스 어머니의 노트북을 훔쳐 잘못 보낸 이메일을 삭제합니다. 전문 해커들도 못한 일을 인턴들이 해내자 줄스는 감사의 뜻으로 벤과 인턴들에게 술을 대접하지요. 줄스는 인턴 한 명, 한 명의 이름을 묻고 기억해 주며 즐거운 대화의 시간을 보냅니다. 대화 중에 줄스는 이런 말을 하며 여성들의 사회 진출이 늘어났음을 암시합니다. "우린 '힘내라 여성들!' 세대였어요. 우리에게는 오프라가 있잖아요."라고 말합니다.

오프라 윈프리는 흑인, 미혼모의 딸, 뚱뚱한 몸, 가난이라는 역경을 극복한 '토크쇼의 여왕'입니다. 그녀의 성공기는 "인생의 성공은 타인이 아니라 자신에게 달려 있다."라는 신조어 '오프라이즘Oprahism'을 탄생시킵니다. 그녀는 진로와 직업 교과서에 등장할 만큼 영향력 있는 인물입니다.

오프라 윈프리는 자신의 성공 비결로 '독서'와 '감사일기'를 꼽았습니다. 마이크로소프트 창업자 빌 게이츠, 테슬라 창업자 일론 머스크도 독서의 중요성을 강조할 만큼 독서는 많은 부자가 꿈을 이룬 비법입니다. 여기에 오프라 윈프리는 독서뿐만 아니라 감사일기를 매일 쓰면서 인생의 소중한 것을 깨닫게 되었다고 합니다. "감사일기를 쓰면서 내 인생은 완전히 달라졌다. 나는 비로소 인생에서 소중한 것이 무엇인지, 삶의 초점을 어디에 맞춰야 하는지 알게 되었다."라고 고백합니다.

성공의 대명사로 많은 이들의 롤 모델이 된 오프라 윈프리는 감사일기를 강조하며 그 원칙도 제시했습니다.

- 한 줄이라도 좋으니 매일 쓴다.
- 주변의 모든 일에 감사한다.
- 무엇이 왜 감사한지 구체적으로 쓴다.
- 긍정문으로 쓴다.
- '때문에'가 아니라 '덕분에'로 쓴다.
- 모든 문장은 '감사합니다'로 끝맺는다.

하기 싫은 공부를 억지로 해야 하는 현실, 집안이 풍족하지 못해 사고 싶은 물건을 마음껏 살 수 없는 현실, 이성 친구와 헤어진 현실 등 누구의 인생도 완전히 만족스러울 수는 없습니다. 인생에서 일어나는 일은 중립적이라는 말도 있습니다. 좋고 나쁜 일이 없다는 것이지요. 안 좋은 쪽으로만 생각하면 모든 게 부정적일 수 있습니다. 특히 청소년기에는 이유 없이 짜증이 나고 일탈도 하고 싶은 충동을 많이 느끼지요. 해야 할 일도 많은데 감사일기까지 쓰라고 하면 복잡하고 힘들다고 느껴질 수도 있습니다. 하지만 조그마한 일이라도 감사하는 마음을 가져 보세요. 나의 미래가 어떻게 바뀔지 모릅니다.

나만의 차별화된 스토리를 만들자

줄스의 비서인 베키는 자신이 열심히 일하는 것을 상사가 몰라 주자 서운해합니다. 능력 발휘의 기회를 주지 않자 "저는 펜실베이니아 대학을 졸업했다고요."라며 울음을 터뜨립니다. 사실 베키가 하고 있는 일은 잔심부름, 상사의 일정 관리입니다. 굳이 펜실베이니아 대학 출신이 아니어도 할 수 있는 일입니다. 이 사실을 알게 된 벤은 줄스에게 회사 매출 데이터를 보여 주며 "베키가 도와줬어요. 베키가 펜실베이니아 대학 출신이라는 걸 알고 계셨나요?"라며 베키가 뛰어난 능력의 소유자임을 넌지시 알려 줍니다. 이 장면에서 펜실베이니아 대학이 명문 대학임을 짐작할 수 있습니다. 그럼 베키가 졸업한 펜실베이니아 대학은 어떤 대학일까요?

아마 아이비리그Ivy League에 대해 한 번쯤 들어봤을 겁니다. 원래는 미국의 대학 스포츠 리그 중 하나였으나, 이 대학들이 모두 미국의 명문대였기 때문에 미국의 명문 대학 집단을 의미하게 되었습니다. 미국 북동부에 있는 8개 명문 대학을 지칭합니다. 하버드, 예일, 프린스턴, 펜실베이니아, 컬럼비아, 코넬, 다트머스, 브라운 대학교입니다. 미국 엘리트 대부분은 아이비리그 출신이 많아 미국 인력의 양성소라고 생각하면 됩니다. 명문 대학 아이비리그에 입학하기 위한 조건에는 어떤 것이 있을까요?

당연히 고등학교 전반에 걸쳐 성적이 우수해야 하는 것은 기본입니다. 하지만 전교 1등이라고 해서 모두 아이비리그에 입학할 수 있는 것은 아닙니다. 학교 내신, 수상 경력, 봉사활동, 동아리 활동도 중요하지만 이제까지 학교생활을 하면서 얼마나 창조적으로 경험을 쌓아 왔는지, 졸업 후에 어떻게 사회에 봉사할지 등을 평가하기 때문에 자신만의 차별화된 스토리가 필요합니다. 즉, 객관적인 조건이 있는 것은 아니지만 자신을 보여 줄 수 있는 개성 있고, 유일무이한 자기소개서가 중요합니다. 내가 누구인지 알려 주는 자기소개서는 아이비리그에만 통하는 것이 아닙니다. 취업의 좁은 문을 통과하는데도 강력한 무기가 됩니다.

참고로 우리나라는 2024년 대입부터 자기소개서가 전면 폐지되었습니다. 기존 자기소개서로 보여 줄 수 있었던 역량을 학교생활기록부의 교과별 성적, 과목별 세부능력 특기사항, 행동

특성 및 종합의견 등에서 보여 줘야 합니다. 소위 '생기부 관리' 라고 하지요. 가장 중요한 건 교과별 성적입니다. 반박의 여지가 없습니다. 그럼에도 불구하고 여러분의 역량을 드러내는 방법은 있습니다. 작은 것부터 시작해 봅시다.

첫째, 수업에 적극적으로 참여하고 선생님과 좋은 유대관계를 형성해 보세요. 내성적이고 소심한 학생은 선생님과 대화를 주고받기가 어렵지요. 본인이 하고 싶은 말을 활달한 친구들이 낚아채 버립니다. 존재감 없이 수업 시간에 앉아만 있습니다. 용기를 내야 합니다. 말이 쉽게 나오지 않는다면 수업 내용을 이해했음을 미소로 보여 줍니다. 반짝이는 눈망울로 집중하고 있다가 기회가 오면 의견을 말해야 합니다. 목소리가 작아도 괜찮습니다. 내가 어느 지점에 관심이 있었는지 확실히 알려 주세요. 친구들 앞에서 눈치 보이면 수업이 끝난 후에라도 질문해 보세요. 여러분의 관심 사항이 선생님의 머릿속에 심어질 것입니다.

둘째, 관심 있는 분야에 관한 책을 읽고 관련 교과목 수행평가와 연관 지어 보세요. 과목별 세부 능력 및 특기사항에 많이 기록되는 것이 수행평가입니다. 학생 개개인의 특성을 관찰하기 쉬운 평가 방식이기 때문입니다. 독서를 통해 관련 분야를 탐색했다면 그런 부분이 수행평가와 연결되어 있어야 합니다.

셋째, 학교, 학급이라는 단체에서 어떤 역할을 할지 생각해 보세요. 학생은 학교라는 공간에서 공부 외에도 할 일이 있습니다. 직장인은 맡은 업무가 있고 주어진 업무를 제대로 해내야 합니다. 대학이나 직장에서는 구성원들과 협력하여 공동의 과제를 잘 수행해 낼 수 있는 인재를 뽑고 싶어 합니다. 규칙과 규정을 잘 지키고 맡은 일에 최선을 다하는 사람을 선호합니다. 구성원의 합의를 이끌어 내고, 실행을 주도할 수 있는 리더십이 있다면 금상첨화겠지요. 학생부종합전형 서류 평가 요소에도 이 부분을 명시하고 있습니다. 학생부종합전형 서류 평가 요소로 크게 학업 역량, 진로 역량, 공동체 역량을 꼽을 수 있는데요. 그중에 공동체 역량은 리더십, 협업과 소통 능력, 나눔과 배려의 인성을 평가하는 영역입니다. 조그마한 일이라도 친구를 도왔을 때의 기쁨을 느껴 보세요. 학교생활을 즐겁게 만들고 남들의 인정도 받을 겁니다. 다양한 프로젝트를 수행하면서 친구들의 의견을 적극적으로 받아들이는 경청의 자세도 중요합니다. 물론 자신의 의견을 논리적으로 표현하여 타인을 설득함으로써 공동의 과제를 해결한 경험도 있어야겠지요.

진로 더하기 생각

☑ 전화번호부 회사의 고위직으로 은퇴한 벤은 많은 걸 가진 사람입니다. 집값 비싸기로 악명 높은 뉴욕 브루클린에 집도 있고, 세계 일주도 했습니다. 요가, 골프, 독서, 요리, 중국어 등 다양한 취미를 가지고 있습니다. 그런데도 인생의 빈자리를 느낍니다. 일하는 기쁨이 빠져 있기 때문입니다.

직업을 선택하는 기준은 개인마다 다르며, 이를 직업 가치관이라고 합니다. 여러분은 직업을 선택할 때 어떤 것을 가장 중요하게 생각하나요? 〈워크넷-직업·진로-청소년 대상 심리검사-직업가치관 검사〉에서 중요하게 생각하는 직업 가치관을 측정해 보기 바랍니다.

☐ 성취	자신이 스스로 목표를 세우고 이를 달성함
☐ 봉사	남을 위해 일하는 것
☐ 개별 활동	여러 사람과 어울려 일하기보다는 혼자 일하는 것
☐ 직업안정	얼마나 오랫동안 안정적으로 종사할 수 있는지를 중시함
☐ 변화 지향	업무가 고정되어 있지 않고 변화 가능함
☐ 몸과 마음의 여유	마음과 신체적인 여유를 가질 수 있는 업무나 직업
☐ 영향력 발휘	타인에 대해 영향력을 발휘하는 것
☐ 지식 추구	새로운 지식을 얻는 것
☐ 애국	국가에 도움이 되는 것
☐ 자율성	자율적으로 업무를 해나가는 것
☐ 금전적 보상	일에 대한 정당한 대가를 받는 것
☐ 인정	타인으로부터 인정받는 것
☐ 실내 활동	신체 활동을 덜 요구하는 업무나 직업

*출처: 워크넷-청소년 대상 심리 검사-직업 가치관 검사-검사 안내

☑ 점점 성장할 여러분의 모습을 상상해 보세요. 노력이 들어간 미래여야 합니다. 노력과 상관없는 로또 당첨되기, 주식 투자로 돈 벌기, 부자 애인 만나기 등은 좀 곤란해요. 목표를 달성하고픈 의지가 가득 들어간 미래의 모습이면 좋겠습니다.

5년 후 나의 모습

10년 후 나의 모습

20년 후 나의 모습

30년 후 나의 모습

☑ 줄스의 비서인 베키는 자신이 열심히 일하는 것을 상사인 줄스가 몰라 주자 서운해합니다. 자신은 명문대를 졸업했는데 자신에게 제대로 된 일을 맡기지 않았기 때문입니다. 이 장면에서 펜실베이니아 대학에 대한 자부심을 느낄 수 있습니다.
여러분은 어떤 대학에 관심이 있나요? 관심 있는 대학 홈페이지에 접속하여 대학교 입학처에서 모집 요강을 살펴본 후, 궁금한 용어가 있으면 조사해 보세요.

☑ 벤이 인턴으로 첫 출근하기 전날 밤, 잠자리에 들기 전에 양복과 넥타이를 침대 옆에 걸어 두고 오래된 가방을 쳐다보면서 "이제 다시 복귀하는군. 하느님 감사합니다."라고 혼자 중얼거립니다. 출근 날 가방 속 물건들을 책상 위에 하나씩 얹어 놓고 일할 준비를 합니다. 만년필, 다이어리, 계산기, 돋보기 안경, 탁상시계, 그리고 삼성 휴대폰이 나오네요. 미래에 여러분이 직장에 다닐 때 가방 속에는 어떤 물건이 있을까요?

☑ 줄스가 경영하는 패션 회사는 시니어 인턴을 구하면서 자기소개서를 유튜브나 Vimeo에 동영상으로 업로드하라고 합니다. 스타트업 회사답게 기존의 자기소개서cover letter를 이용하지 않습니다. 여러분은 자기소개 영상을 어떻게 업로드하고 싶나요? 1분짜리 자기소개 영상 대본을 적어 보세요.

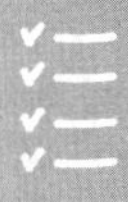

☑ 최근 정보통신기술의 발달, 고령자 증가, 환경과 웰빙에 대한 관심 증대로 라이프 스타일이 변화하고 있습니다. 또한 급변하는 환경에 대응하기 위해 조직의 형태도 바뀌고 있고, 유연 근무도 증가하고 있습니다. 직업 생활의 모습도 점차 바뀌고 있는데요. 영화에서도 이러한 변화를 감지할 수 있습니다. 여러분은 어떤 장면에서 직업 생활의 변화를 알 수 있었나요? 또한 바람직한 직업 생활을 하기 위해 사회와 개인이 어떤 노력을 하면 좋을까요? 여러분의 생각을 마음껏 적어 보세요.

나의 의지와는 상관없이 남이 결정해 주는 대로 선택하는 사람은 결국 실패에 대해서도 남 탓을 하기 쉽습니다. 그 반대로 무조건 내 꿈은 정답이고, 다른 이의 의견은 오답이라고 억지를 부리는 것은 아이가 떼쓰는 것과 같습니다. 막무가내로 자신의 의견만 고집하는 것은 굉장히 위험한 일입니다. 상황이 악화되어 감정싸움이 될 가능성이 크죠. 일단 부모님이 반대하는 이유를 충분히 생각해 본 후에 나의 구체적인 계획을 이야기하세요. 그리고 꿈을 위해 노력하는 열정과 자신감을 보여 주세요.

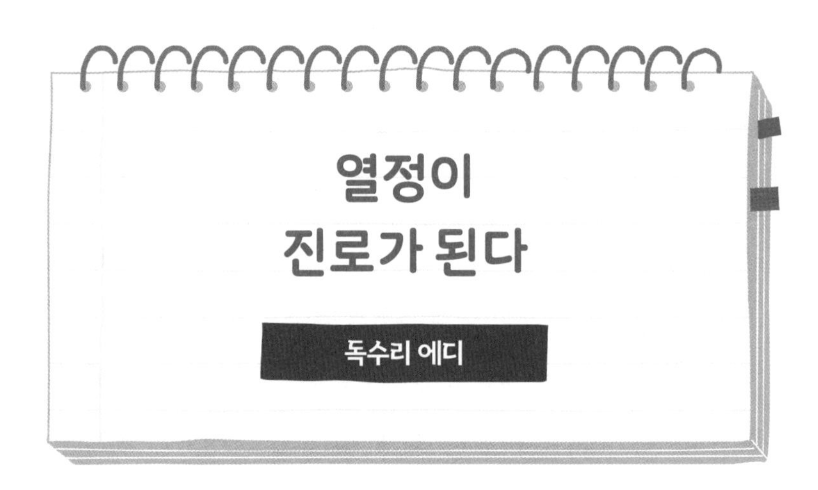

열정이 진로가 된다

독수리 에디

“품격이 사람을 만든다Manners, Maketh, Man.”

테런 에저튼을 세계적인 스타로 만들어 준 〈킹스맨〉의 대사입니다. 소년미 가득한 귀여운 비주얼로 전 세계를 사로잡았지요. 킹스맨 이후, 그가 〈독수리 에디〉에서 스키점프 선수로 돌아왔습니다. 전혀 다른 배우처럼 느껴질 정도로 못생김 연기를 잘합니다. 왕년에 잘나가던 스키점프 선수였지만 현재는 술에 절어 스키장 청소를 하는 브론슨 역할은 휴 잭맨이 맡았습니다.

이 영화는 실화를 바탕으로 한 작품입니다. 영국 선수로는 처음으로 동계 올림픽 스키점프 종목에 참가한 마이클 에드워즈

선수 이야기입니다. 그의 별명을 그대로 따와서 영화 제목도 '독수리 에디'가 되었습니다.

줄거리는 이렇습니다. 에디(태런 에저튼 분)는 영국 스키 국가대표 선발전에 출전하지만 탈락합니다. 실망한 시간도 잠시, TV에 나오는 스키점프를 보고 동계 올림픽에 출전해야겠다고 결심합니다. 하지만 돌아온 것은 주변 사람들의 비웃음과 아버지의 반대뿐입니다. 부모님의 걱정과 반대에도 그는 스키점프를 배우기 위해 독일로 떠납니다. 독일의 훈련장에서 운명적으로 브론슨 피어리를 만나게 되는데요. 반항적인 성격 때문에 미국 국가대표에서 퇴출된 스키점프 선수입니다. 에디는 브론슨에게 코치가 되어 달라고 부탁하고 거친 성격의 브론슨도 에디의 열정에 감동받아 이를 허락합니다. 남들이 안 된다고 손가락질하는 와중에 어떻게 에디는 술주정뱅이 코치의 도움을 받아 올림픽에 참가할 수 있을까요?

보란 듯이 거침없이 진로 장벽을 부수자

에디는 선천적으로 소아마비를 앓아 다리에 보조기구를 착용

해야만 걸을 수 있습니다. 재활치료 후 의사 선생님이 보조기구를 떼 버리면서 신신당부합니다. 아직 완전히 고쳐진 건 아니니 달리기나 나무에 올라가는 등의 운동은 절대 하지 말라고 말이죠. 의사 선생님의 당부도 아무 소용없습니다. 높이뛰기, 장애물 달리기, 역도, 투포환, 창 던지기 등을 연습하다 부러진 안경만 해도 한가득입니다. 열심히는 하지만 누가 봐도 운동에는 소질이 없어 보이는데 우연히 TV에서 본 스키점프 장면으로 인해 동계 올림픽에 나가겠다는 원대한 꿈을 가집니다.

스키를 타고 새처럼 날아올라 도약대에서 점프하는 경기가 스키점프입니다. 그것도 어마무시한 높이에서요. 실제로 스키점프를 하다가 하반신이 마비되거나 사망하는 사례가 있을 정도로 매우 위험한 종목입니다. 따라서 실수하지 않기 위해 고도의 집중력이 필요하지요. 에디는 다리가 불편할 뿐 아니라 말도 어눌해서 집중력과는 거리가 있어 보이는데요. 동계 올림픽 출전이라는 꿈 앞에 많은 장벽이 도사리고 있었습니다.

진로 장벽이란 자신의 목표를 달성하는 과정을 방해하는 걸림돌입니다. 에디에게도 몇 가지 진로 장벽이 있었습니다. 미장공이 되라며 스키점프를 반대하는 아버지, 운동선수가 되기에는 부족한 신체 문제, 스키점프를 전문적으로 도와줄 수 있는 코치의 부재…. 하지만 에디는 못 말리는 열정으로 진로 장벽을 모조리 깨부숩니다.

그렇다면 우리가 부수어야 할 진로 장벽에는 어떤 것이 있을까요? 틈만 나면 올라오는 두더지 같은 진로 장벽을 하나씩 때려서 없애 보자고요.

1. 내가 무엇을 좋아하고 잘하는지 잘 모르는 것입니다

아직 자기 자신에 대한 이해가 부족한 사람인데요. 예를 들면 나는 교사가 되고 싶은데 무슨 과목 교사가 되고 싶은지, 또는 교사가 되기 위한 자질이 내게 있는지 잘 모르는 경우죠. 먼저 워크넷이나 커리어넷에 들어가서 진로흥미검사, 직업흥미검사 등을 해보고 자신에 대해 돌아볼 기회를 가져 보세요. 하지만 맹목적으로 검사에 의존해서는 안 되고 평소에 내가 즐거웠던 일, 성취감을 느꼈던 일, 칭찬받은 일 등이 있다면 잊지 말고 메모해 두기 바랍니다.

2. 낮은 자신감입니다

'과연 내가 해낼 수 있을까? 어차피 안 될텐데 뭘' 등의 생각을 가진 사람입니다. 자신감이란 나를 믿는 마음, 내가 해낼 수 있다는 마음입니다. 어른들이 어깨 좀 펴고 다니라고 하죠? 심리학 박사인 김경일 교수는 방송 프로그램 〈어쩌다 어른〉에서 이런 이야기를 합니다. 어깨를 움츠리거나 구부정한 자세 등의 저자세로 2분간 있는 사람들과, 어깨를 펴고 의기양양한 자세 등 고자세로 2분간 있는 사람들의 호르몬을 분석해 보았는데요. 2분간 고자세를 취한 것만으로도 자신감이 상승하고 모험정신이 강해졌다는 걸 확인했다고 하네요. 다른 사람이 나를 인정해 주기 전에 나부터 나를 인정하고 고자세를 취해 보는 건 어떨까요?

3. 주변 사람들과의 갈등입니다

특히 나와 가까운 부모님이나 선생님과의 갈등이죠. 에디와 브론슨은 주변 사람들과의 갈등으로 괴로워한 경험이 있습니다. 에디의 아버지는 몸도 약하고 어눌한 에디가 스키점프 하는 것을 심하게 반대합니다. 차라리 아버지를 따라다니면서 미장(건축공사에서 흙이나 시멘트를 바르는 사람) 일을 하면 밥은 먹고살 수 있다고 설득합니다. 브론슨도 신기록 제조기라고 불릴 만큼 왕년에 잘나갔지만 술과 여자, 자만심에 빠져 퇴출당합니다. 술에 절어 본인을 퇴출시킨 스승에 대한 원망을 품고 살고 있었습니다. 에디를 만나기 전까지는 말이지요. 주변 사람들에게 인정받지 못해 더 이상 나아가지 못하는 경우도 많지만 에디는 보란듯이 자신의 길을 갑니다. 스키점프를 하는 에디가 TV에 나올 때마다 보기 싫어 시선을 돌리던 아버지도 에디가 목표를 달성하고 영국으로 입국하자 공항에서 반갑게 맞아 줍니다. 아버지의 티셔츠에는 "I'm Eddie's Dad"라고 쓰여 있고, "자랑스럽다, 아들."이라면서 뜨겁게 포옹해 줍니다. 브론슨을 멸시했던 옛 스승은 에디를 훌륭한 스키점프 선수로 키워낸 브론슨을 찾아갑니다. 그러고는 "자네에 대한 내 생각이 틀렸네, 챔피언."이라고 말해 주지요.

나의 의지와는 상관없이 남이 결정해 주는 대로 선택하는 사람은 결국 실패에 대해서도 남 탓을 하기 쉽습니다. 그 반대로 무조건 내 꿈은 정답이고, 다른 이의 의견은 오답이라고 억지를 부리는 것은 아이가 떼쓰는 것과 같습니다. 막무가내로 자신의 의견만 고집하는 것은 굉장히 위험한 일입니다. 상황이 악화되어 감정싸움이 될 가능성이 크죠. 일단 부모님이 반대하는 이유를 충분히 생각해 본 후에 나의 구체적인 계획을 이야기하세요. 그리고 꿈을 위해 노력하는 열정과 자신감을 보여 주세요.

뜨거운 열정으로 스스로 진로를 개척한 운동선수들

진로 장벽을 극복하고 꿈을 이룬 실제 사례를 한번 볼까요? 〈독수리 에디〉는 스포츠 영화의 교과서라고 해도 무방할 만큼 사회적 편견에 도전하고, 여러 번의 실패 끝에 성공을 거둔 감동적인 운동선수의 실화를 담아내고 있죠. 영화가 아니더라도 편견을 극복한 운동선수의 스토리를 읽어 보면 어떨까요? 그러한 스토리를 통해 진로 장벽에 대한 막연한 두려움을 이겨 내고, 극복할 수 있다는 용기를 가질 수 있습니다.

유명한 축구선수하면 누가 가장 먼저 떠오르나요? 상대 선수를 약올리는 듯한 드리블, 누구도 막을 수 없는 돌파력과 골 결정력. 바로 메시입니다. 메시의 키는 일반 성인 중에서도 작은 키에 속하는 169cm입니다. 메시는 어렸을 적 성장호르몬 장애라는 희귀병 진단을 받았고 부모님은 메시의 치료비를 감당할 수 없었습니다. 축구 구단들이 그를 영입하지 않아 어려운 시기를 겪었지요. 다행히 스페인의 FC 바로셀로나에서 메시를 지원하기로 약속하면서 축구를 계속할 수 있었다고 합니다. 메시는 자신의 단점인 작은 키를 장점으로 바꾼 선수입니다. 불리한 조건인 작은 키를 이용해 순발력과 스피드를 키우는 훈련을 했습니다. 그 결과 상대 선수 사이를 재빠르게 돌파할 수 있었습니다. 빠르게 달리다가 멈추어도 중심을 잘 잡을 수 있는 건 작은 키 덕분이었지요. 메시가 이런 말을 했다고 합니다.

"모든 단점은 장점이 될 수도 있다."

"성공에 단점이나 약점이란 없다. 오로지 약한 마음만 있을 뿐이다."

세계적인 축구 스타가 단점을 극복하기 위해 얼마나 많은 노력을 했을지 짐작할 수 있습니다.

장벽을 넘어선 또 다른 선수는 우사인 볼트입니다. 인간 탄환, 지구 역사상 가장 빠른 사나이 등의 별명을 지니고 있지요. 2008년 베이징 올림픽에 등장해 100미터, 200미터, 400미터 계주에서 세계 신기록을 모두 갈아치우고 세계적인 스타로 우뚝 선 자메이카 출신의 육상선수입니다. 하지만 그의 신체 조건은 육상선수에게 그리 유리하지는 않았습니다. 일단 196cm라는 큰 키는 공기 저항을 많이 받고, 순발력이 떨어진다는 단점이 있지요. 게다가 어렸을 때부터 앓아왔던 척추측만증 때문에 항상 부상 위험을 안고 선수 생활을 해야만 했습니다. 남들처럼 포기했다면 '번개맨' 우사인 볼트는 될 수 없었겠지요. 볼트는 자신의 가장 큰 단점이었던 척추측만증을 견딜 수 있는 근육을 만들기로 결심합니다. 3년간 모든 경기 출전을 중단하고, 매일 강도 높은 훈련을 했는데, 이 고통스러운 훈련을 이를 악물고 견뎌냈습니다. 결국, 척추를 지탱할 수 있는 근육을 만들어 내고, 어깨를 더 크게 흔들고 보폭을 넓혀 자신의 단점을 장점으로 승화시킵니다. 스타트가 다소 늦긴 하지만 레이스 중반 이후 폭발적인 가속도로 경쟁자들을 제압했습니다. 우사인 볼트가 남긴 말을 볼까요?

> "나보다 뛰어난 선발 투수가 있지만 나는 마무리가 강하다."
> "좋은 날도 있고, 나쁜 날도 있다."
> "절 의심하는 모든 분에게 감사드립니다. 여러분도 제가 열심히 하도록 독려하셨으니까요."

어떠한 상황에서도 긍정적인 마인드로 단점을 극복하려 했던 그의 의지를 엿볼 수 있습니다.

오뚝이라는 장난감을 본 적이 있을 겁니다. 아래를 무겁고 동그랗게 만들어 아무렇게나 굴려도 원래 자세로 돌아오는 장난감입니다. 실패에 굴하지 않고 다시 도전하는 사람을 '오뚝이'에 비유하기도 합니다. 회복탄력성이라고도 하는데 살면서 마주하는 크고 작은 고난을 이겨 내는 힘입니다. 마음의 근육, 마음의 맷집, 마음의 면역력도 모두 비슷한 말입니다. 회복탄력성이 강한 사람은 어려운 상황이 닥쳐도 긍정적인 마음으로 해결하려고 합니다. 그래야만 쉽게 포기하거나 좌절하지 않고 오뚝이처럼 다시 일어설 수 있으니까요. 그럼 회복탄력성을 키울 수 있는 몇 가지 주문을 소개하겠습니다.

"절대 굴복하지 마!"

꺼져가는 용기도 되살려 주는 위대한 연설가가 있습니다. 시가를 입에 물고 손가락으로는 승리의 V자를 보여 주는 대머리 할아버지입니다. 그는 영국인들의 위대한 지도자인 윈스턴 처칠입니다. 그는 어렸을 적 말더듬이로 인한 학습 장애로 꼴찌를 면치 못했습니다. 심지어 초등학교 생활기록부에는 '희망 없는 아이'로 기록되었다고 하는데요. 단점 덩어리였던 희망 없던 아이가 독재자 히틀러로부터 영국을 지켜 냅니다. 비결은 긍정적인 마인드였습니다.

> "비관주의자는 어떤 기회 속에서도 어려움을 보고, 낙관주의자는 어떤 어려움 속에서도 기회를 본다."

그가 남긴 명언입니다. 유럽이 서서히 무너지고, 폭탄이 터지고 있는 상황인데도 국민들에게 용기를 주는 연설을 합니다. "절대 굴복하지마!Never give in!"를 속사포 랩처럼 쏟아 내는 그의 연설을 들어보세요.

"해보자, 해보자, 해보자, 해보자! 후회하지 말고!"

2020 도쿄 올림픽은 코로나 감염병으로 인해 역대 최초 무관중으로 경기를 진행했습니다. 그래서인지 올림픽에 대한 사람들의 관심이 예전보다 못했지요. 그렇지만 우리에게 금메달 이상의 감동을 준 경기가 있었습니다.

대한민국과 도미니카 공화국의 배구 A조 3차전. 기대 이상의 선전을 하고 있던 여자 배구팀은 배구 강국 도미니카 공화국을 만나 지쳐 가기 시작합니다. 4세트 중반 선수들을 일깨운 김연경 선수의 간절한 한마디. "해보자, 해보자, 해보자, 해보자! 후회하지 말고!" 그 말을 듣자 당시 해설위원이었던 황연주 선수가 눈물을 쏟아 냅니다. 선수 시절 김연경 선수와 흥국생명에서 함께 뛰었던 동료로서 그 말의 의미가 더 와닿았나 봅니다. 김연경 선수의 그 한마디 때문이었을까요? 결국 도미니카 공화국을 이기며 가슴 뭉클한 장면을 연출해 냈습니다. 아침에 일어나서 학교 가기 싫을 때, 학원 가는 대신 친구들과 놀러 가고 싶을 때, 과제가 많아서 하기 싫을 때 김연경 선수의 간절한 한마디를 생각해 보면 어떨까요?

꿈에 도달하는 진로는 많다

스포츠를 좋아하지만 운동선수가 되기에는 힘도 부족하고, 스피드도 없다고요? 운동선수가 되고 싶긴 하지만 체력이나 신체 조건, 부상 등이 가로막는다고요? 그렇다고 좌절할 필요는 없습니다. 좋아하는 일을 직업으로 삼을 수 없다면 연결고리를 찾으면 됩니다. 오늘은 스포츠와 관련된 직업을 소개할 테니 '세상은 넓고 직업은 많다'라는 사실을 꼭 기억하세요.

드라마 〈스물다섯 스물하나〉의 백이진은 유일무이한 고졸 출신 앵커가 되는데, 처음에는 스포츠 기자로 시작하죠. 스포츠 기자는 스포츠의 생생한 소식을 전달해야 하고, 세상을 바라보는 냉철함, 그리고 스포츠에 대한 열정도 있어야 합니다. 기사를 직접 써야 하므로 많은 독서량과 글쓰기가 중요하겠지요.

야구가 끝난 비시즌 시기에 선수 영입과 연봉 협상을 하는 것을 스토브리그라고 합니다. 시즌이 끝난 겨울에 팬들이 난롯가에 도란도란 모여 응원 팀의 선수 계약 등에 관해 입씨름을 벌인 데서 비롯된 말인데요. 드라마 〈스토브리그〉는 러브라인이나 막장스토리를 과감히 빼고도 큰 인기를 누렸습니다. 이 드라마에서 주연은 아니지만 큰 존재감을 드러낸 인물이 있는데 그는 바로 양원섭 스카우트 팀장입니다. 스포츠 스카우터인 그는 예리한 눈으로 유망주를 발굴해 내고, 자신만의 철학으로 인재를 영입하지요. 스카우터가 되려면 꼭 선수 경험이 있어야 하는 것은 아니지만 국내에서는 압도적으로 선수 출신이 많다고 하네요. 객관적인 수치뿐만 아니라 경기 안, 경기 밖에서도 꾸준히 선수를 지켜보며 팀의 인재가 될 수 있는지 분석합니다.

대역 없이 절벽에서 낙하하고, 비행기 날개에 올라타는 배우. 감독이 말려도 관객을 위해 목숨 거는 이 남자는 불가능한 미션을 가능하게 하는 '톰 아저씨', 바로 톰 크루즈입니다. 톰 크루즈가 리즈 시절 찍은 영화 〈제리 맥과이어〉는 우리에게 스포츠 에이전트라는 직업을 소개해 주었는데요. 스포츠 에이전트란 선수를 대신해 연봉 협상, 광고 출연 등 각종 계약을 처리하는 사람입니다. 스포츠, 마케팅, 법, 경영 및 광고 등 다양한 분야의 지식과 경험이 필요하죠. 계약에 문제가 발생하였을 경우 면밀히 검토할 수 있는 꼼꼼함이 있어야 하고, 서로의 이해관계를 중재하고 협상할 수 있는 능력도 요구됩니다.

스포츠를 좋아하는 사람에게 유리한 직업이 또 있습니다. 바로 스포츠 마케터입니다. 기본적으로 스포츠를 보고 즐길 줄 알아야 하겠지요. 스포츠를 활용하여 수익을 창출해야 하기 때문에 다양한 시각으로 스포츠를 바라볼 줄 알아야 하고, 폭넓은 발상과 창조적인 사고가 요구됩니다.

이외에도 외국인 선수를 전담으로 통역하는 스포츠 통역사가 있습니다. 선수들의 컨디션도 체크해서 전달하고, 감독님과 코치님의 말도 통역해 줍니다. 경기가 흘러가는 상황을 보면서 새로운 전술을 알려 줄 때도 통역이 필요하겠죠? 선수들과 항상 함께해야 해서 합숙 생활이나 해외 출장을 가는 경우도 많습니다. 일반적인 통역사와 달리 전문적인 교육과정이 따로 없지만, 언어 관련 학과나 스포츠 관련 학과를 전공하는 것이 유리합니다.

여기까지 스포츠와 관련한 직업 소개였습니다. 축구를 좋아한다고 해서 모두 축구선수가 되는 건 아닙니다. 영화를 좋아한다고 해서 모두 영화배우가 되는 것도 아니고요. 국제기구에서 일하고 싶다고 해서 모두 국제학부를 가는 건 아닙니다. 몸치도 스포츠 관련 직업을 가질 수 있듯이 꿈에 도달하는 경로는 수없이 많습니다. 입에 발린 소리가 아닙니다. 최단 거리로 갈 수 없다고 해서 실망하지 말고, 새로운 길을 찾다 보면 어느샌가 원하는 목적지에 도달할 것입니다.

우리가가 부수어야 할 진로 장벽은 어떤 것이 있을까요?

틈만 나면 올라오는 두더지 같은 진로 장벽을

하나씩 때려서 없애 보자고요.

진로 더하기 생각

☑ 여러분은 역경을 극복했던 사례가 있나요? 예를 들면 학교를 선택할 때 부모님과 의견이 맞지 않았지만 결국 부모님을 설득하여 내가 원하는 학교를 간 경우, 친한 친구와 큰 다툼이 있었지만 상대방을 이해하고 관계를 회복한 경우 등 생각나는 일을 적어 보세요.

☑ 영화 <독수리 에디>의 실제 주인공인 에디 에드워즈Eddie Edwards는 어릴 때 소아마비를 앓고 운동선수로는 불리한 조건을 가지고 있었습니다. 하지만 끊임없는 노력으로 영국의 스키점프 국가대표가 됩니다. 진로 장벽을 뚫고 성공한 운동선수에는 또 누가 있을까요? 자신의 단점을 극복하여 훌륭한 운동선수가 된 사례를 조사해 적어 보세요.

☑ 회복탄력성을 높이기 위한 방법에는 무엇이 있을까요? 자신만의 회복탄력성을 높이는 방법을 찾아보세요.

☑ 자신의 한계를 극복하고 투지와 열정으로 감동을 선사하는 스포츠는 영화의 주요 소재가 됩니다. 감동적으로 본 스포츠 영화가 있다면 소개해 주세요.

진로를 결정할 때 고려 대상 1순위는 자신의 흥미나 능력입니다. 하지만 내가 올바른 직업윤리 가치관을 지녔는지도 꼭 생각해 보세요. 대학이나 기업 면접에서도 직업윤리의 중요성을 본인의 가치관과 연결 지어 설명해 보라고도 합니다. 또 과학기술이 발달함에 따라 직업윤리도 변합니다. 자신의 관심 분야와 관련한 직업윤리 사례를 조사해 보면 어떨까요? 관련 분야를 더 깊이 공부할 수 있는 계기가 됩니다.

올바른 직업윤리도 능력이다

삼진그룹 영어토익반

직장에서 나름 탁월한 역량을 가진 직원들이 있습니다. 모두 고졸 여성입니다. 이자영은 초긍정 마인드로 문제해결 능력이 뛰어납니다. 안타깝게도 그녀의 주된 업무는 커피 타기, 휴지통 비우기, 구두닦이 심부름입니다. 정유나는 자신감 넘치고 아이디어가 번뜩이지만 고졸이라는 이유로 회의 때 의견을 낼 기회조차 없습니다. 심보람은 수학 천재입니다. 퇴직금을 그냥 암산해 버릴 만큼 탁월한 능력을 보유했지만, 가짜 영수증 메꾸기로 시간 낭비를 하고 있지요.

이자영은 심부름을 하러 간 공장에서 검은 폐수가 유출되는 것을 목격합니다. 이에 세 사람은 회사의 비리를 밝히려 하고, 해고의 위험을 무릅쓰고 고군분투하는 이야기가 펼쳐집니다. 학벌과 성차별이 존재했던 1990년대, 고졸 여사원들은 회사에서 일어나는 부당한 일을 어떻게 해결할까요?

이 영화는 낙동강 페놀 오염사건이라는 실화를 모티브로 합니다. 1991년 수돗물에서 냄새가 난다는 신고가 여러 번 있었습니다. 전문지식이 없었던 당국은 염소 소독제를 투입합니다. 어처구니없게도 이 염소 소독제가 페놀의 독성을 더 강하게 만들었다고 하네요. 주민들은 구토, 설사, 복통 등의 증세로 고통을 받았지요. 조사 결과, 구미 두산전자에서 페놀 폐수를 제대로 처리하지 않고 조금씩 무단 방류했다는 사실이 밝혀졌습니다. 이후 국민들은 수돗물을 불신하게 되었고 생수 시장이 성장하게 된 계기가 되었습니다.

1990년대 중반이 배경인 이 영화는 IMF 외환위기 직전의 시대상과 기업의 조직문화를 잘 보여 줍니다. 이때는 이른바 세계화가 시작되면서 영어 실력, 그것도 토익 성적이 회사에 들어가기 위한 중요한 요건이었습니다. 지금도 영어는 중요한 스펙이긴 하지만요. 당시 청년들은 '신세대', 'X세대'라고 불렸으며 개성이 강하고 튀는 패션을 선보였습니다. 무선호출기(삐삐)는 신속하게 연락을 주고받을 수 있는 도구였고, 사람들은 공중전화

박스 앞에 줄을 서기도 했습니다. 지금도 어딘가에 공중전화 박스가 있다고는 하지만 거의 잊혀진 지 오래고, 이를 스마트폰이 대신하고 있지요. 레트로 느낌의 이 영화는 시대적 배경을 알고 보면 더욱 재미있게 감상할 수 있습니다.

직업윤리의 중요성을 생각해 보자

주인공 심보람의 이름을 거꾸로 한 람보는 금붕어 이름입니다. 페놀 유출 사건 당시 그 위험성을 알기 위해 금붕어를 수조에 넣었다고 해요. 얼마나 독했으면 금붕어가 5분 만에 죽었답니다. 주인공 이자영은 금붕어를 방생하려다 우연히 콸콸콸 쏟아지는 검은색 액체, 즉 폐수가 유출되는 걸 목격하게 되지요. 하천에는 물고기 시체가 둥둥 떠다닙니다. 인근 사과 농장 주인은 피부병으로 연신 목을 긁고, 사과에는 벌레가 가득합니다. 오지랖 넓은 이자영은 뭔가 이상한 낌새를 눈치채고 회사의 비리를 조사하기 시작합니다. 람보를 방생하려다 폐수를 목격하였으니 람보는 영화에서 꽤 비중 있는 역할을 담당하는 셈입니다.

6·25전쟁 이후 가장 큰 인적 재해로 기록된 사고가 있습니다. 삼풍백화점 붕괴 사건입니다. 강남 개발 붐이 일면서 부동산 재벌이 된 이준 회장은 백화점 사업에 욕심을 냅니다. 각종 로비 끝에 백화점 용지로 허가를 받고, 건축비를 아껴 5층으로 증축합니다. 안전은 뒷전이고, 돈만 벌자는 속셈으로 기둥 몇 개도 없앱니다. 공무원들은 뇌물을 받고 제대로 검사도 안 하고 바로 허가를 내줍니다. 드디어 초호화 삼풍백화점이 강남에 들어서는데, 건물에 균열은 기본이고 식당가에 물이 새고 싱크홀까지 등장합니다. 윗선에 보고까지 했는데도 버젓이 영업을 합니다. 하루 매출이 어마어마했으니까요. 붕괴 직전에도 사람들을 대피시키는 것보다 보석과 명품을 먼저 대피시켰다고 합니다. 그날 백화점이 와르르 무너져 안타깝게도 1층에서 5층 사이에 있었던 수많은 사람들이 사망했습니다. 무너진 건물이 마치 샌드위치처럼 겹겹이 쌓여 있어 구조할 수 없는 상황이었죠. 이 붕괴 사고로 인해 삼풍백화점 관계자들과 공무원들은 법적 처벌을 받았고, 이때부터 직업윤리의 중요성이 대두되기 시작했습니다.

직업윤리란 직업에 종사하는 사람이라면 당연히 지켜야 하는 자세나 규범을 말합니다. '팔은 안으로 굽는다'라는 말이 있지요. 이 속담은 친분이 있는 사람에게 더 유리한 방향으로 일을 처리한다는 의미입니다. 의사결정을 할 때는 누구든 자신에게 유리한 방향으로 결정하고 싶지만, 자칫하면 직업윤리가 훼손될 수 있습니다.

국내 기업의 첨단 기술을 중국으로 빼돌린 일당에 관한 뉴스를 본 적 있나요? 윤리적 판단이 잘못된 경우에는 사회적 파장을 일으키거나 법적인 책임을 져야 합니다. 잘못된 판단으로 인해 열심히 공부해서 겨우 구한 직장을 그만두어야 하고, 심지어 기업이나 조직의 기반이 흔들릴 수도 있습니다.

의사가 되기 위해서는 어렸을 적부터 학업의 기반을 다져야 합니다. 실력은 물론이고 강한 멘탈과 엄청난 공부량을 소화해야만 하지요. 의대를 갔다고 하면 초등학교 때부터 부단히 노력한 학생이라는 걸 알 수 있습니다. 하지만 일부 의대생의 비윤리적인 행동이 도마에 올랐습니다. 의사라 함은 환자의 신체를 다루어야 하기 때문에 특히 직업윤리 의식이 중요한데요. 의대 동기생을 집단 성추행한 사건이 있었습니다. 이들은 법적 처벌을 받은 동시에 해당 대학교를 더 이상 다니지 못하게 되었죠. 그렇지만 피해자는 정신적인 고통을 평생 겪으며 살아야겠지요. 책상 앞에 앉아서 공부만 한다고 훌륭한 의사가 되는 건 아닙니다. 학업 역량뿐만 아니라 의사가 되기 위한 품성과 윤리의식 또한 중요하다는 걸 알려 주었던 사건이 아닌가 싶습니다.

진로를 결정할 때 고려 대상 1순위는 자신의 흥미나 능력입니다. 하지만 내가 올바른 직업윤리 가치관을 지녔는지도 꼭 생각해 보세요. 대학이나 기업 면접에서도 직업윤리의 중요성을 본인의 가치관과 연결 지어 설명해 보라고도 합니다.

과학기술이 발달함에 따라 직업윤리도 변합니다. 자신의 관심 분야와 관련한 직업윤리 사례를 조사해 보면 어떨까요? 관련 분야를 더 깊이 공부할 수 있는 계기가 될 거예요. 예를 들어 의사라면 인간의 생명을 둘러싼 문제, 안락사, 인공수정, 장기이식, 생명복제 등을 살펴보면 도움이 됩니다.

진로 더하기 생각

☑ 영화에서 주인공 삼총사는 비윤리적인 기업 경영을 타파하고, 악덕 기업사냥꾼으로부터 회사를 지켜 냅니다. 기업의 도덕성이 문제되거나 경영진의 비윤리적인 태도가 드러나 국민들의 질타를 받고 회사를 위기에 빠뜨린 사건을 알고 있나요?

☑ 영어 속담 중에 가장 마음에 드는 것을 골라 나의 경험과 연결시켜 보세요.

☑ 경제는 우리의 일상과 밀접한 관련이 있어요. 돈과 관련된 모든 활동이 경제니까요. 일상에서 돈을 빼놓고는 상상하기 힘들잖아요. 따라서 우리는 경제에 관심을 가질 수밖에 없어요. 새로운 경제 용어들이 등장해서 경제 용어 사전까지 있을 정도인데요. 혹시 OTT, ESG, NFT, 공유경제가 무슨 뜻인지 알고 있나요?

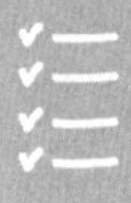

☑ "Excellent! 어제의 너보다 오늘 더 성장했어!" 영화 속 반은경 부장이 부하 직원을 칭찬할 때 항상 쓰는 말입니다. 1년 후, 10년 후, 20년 후 점점 성장하고 있는 여러분의 모습이 그려지나요? 그럼 더 성장할 내일을 위해 오늘은 어떤 노력을 하면 좋을지 생각해 보세요.

어른에 비해 학생들에게 앞으로 주어진 시간은 많습니다.
그래서인지 시간을 허비하기도 합니다.
영화와 달리 현실에서는 남은 시간을 볼 수 없어서일까요? 시간의 소중함을 놓치기 쉽습니다. 의미 없는 스마트폰 사용, 게임이나 도박 중독, 수업 중 과도한 수면으로 시간을 낭비하고 있습니다.
삶에 계획이 있다면 이런 유혹에 쉽게 넘어가지는 않을 것 같습니다.

시간을 낭비하면 진로는 없다

인 타임

영화 〈인 타임〉의 세상은 시간 자체가 수명입니다. 모든 비용을 시간으로 계산합니다. 커피는 4분이고, 스포츠카는 무려 59년입니다. 25세가 되면 노화를 멈추고, 팔뚝에 새겨진 '카운트 바디 시계'에 1년의 시간을 받습니다. 주어진 시간을 소진하고 팔뚝의 시계가 0이 되는 순간 즉시 사망합니다. 시간 부자들은 100년도, 1,000년도 살 수 있는 반면, 가난한 자들은 노동을 하거나, 시간을 빌리거나, 훔쳐야 합니다. 생존 가능 시간을 생체 기계의 숫자로 보여 주기 때문에 시간의 소중함을 눈으로 확인할 수 있습니다.

주인공 윌은 빈민가에서 하루 벌어 하루 먹고 사는 일용직 노동자입니다. 50세 어머니 레이첼과 단둘이 살고 있습니다. 우연히 술집에서 헨리 해밀턴이라는 시간 부자를 만난 후 그의 인생이 바뀝니다. 윌은 헨리로부터 시간에 관한 충격적인 비밀을 듣게 되는데요. 소수의 영생을 위해 다수가 죽어야 하는 현 사회 시스템에 관한 것이었습니다. 그리고 헨리는 윌에게 100년이라는 시간을 채워 주고 자살을 선택합니다.

윌은 부자가 되지만 졸지에 살인자의 누명을 쓰고 쫓기는 신세가 됩니다. 사람들의 눈을 피해 부자들만이 모여 사는 '뉴 그리니치'로 들어갑니다. 타임 키퍼의 추적으로 체포될 위기를 맞지만, 와이스 금융사 회장의 딸 실비아를 인질로 삼아 탈출합니다.

사실 킬링타임용 영화에 가깝습니다. 그럼에도 불구하고 추천하는 이유는 시간과 행복에 대해 생각할 거리를 주기 때문입니다. 어른에 비해 우리 학생들은 상대적으로 많은 시간을 소유하고 있습니다. 그래서인지 허투루 시간을 허비하는 학생이 많습니다. 시간이 돈이자 생명이라는 SF영화를 통해 나에게 주어진 시간이 얼마나 감사한지 느낀다면 이 영화는 킬링타임용 영화가 아니라 인생 영화가 될 수도 있을 것입니다.

우리의 가장 소중한 선물, 시간

윌은 생일 꽃다발을 들고 정류장에서 어머니를 기다리는데요. 어머니는 버스 요금, 즉 시간이 부족해서 버스를 타지 못하고 약속한 장소까지 뛰어갑니다. 윌도 어머니가 약속한 정류장에 도착하지 않자 시간이 부족하다는 걸 직감하고 어머니를 향해 뛰어가죠. 둘은 절박하게 뛰었지만 윌의 눈 앞에서 어머니의 생체 시계는 0으로 변해 죽음을 맞이하게 됩니다. 30분만 더 있었더라도 어머니는 죽지 않았을 겁니다.

하루가 24시간이라는 점에서 시간은 공평합니다. 모두에게 시간은 똑같이 주어진 것 같습니다. 그래서 시간은 넉넉하다고 착각합니다. 그 착각에서 빠져나와야 합니다. 우리에게 주어진 시간은 유한합니다. 아끼고 소중하게 써야 하는 이유입니다.

인간의 상상력을 동원하여 시간의 소중함을 다루는 영화나 책을 종종 접할 수 있습니다. 그 중 하나로 김영하 작가의 에세이집 『다다다』에서 마르셀 에메의 단편소설 「생존 시간 카드」를 소개합니다. 시간이 거래되는 가상의 세계가 배경입니다. 시간은 배급제로 모두에게 공평하게 지급되지요. 시간은 필요 없고 돈이 절실한 사람은 부자들에게 시간을 팔 수도 있습니다. 부자

일수록 시간당 버는 소득이 높기 때문에 시간의 가치도 올라갑니다.

다행히 시간이 돈이 되는 세상은 SF영화 속에서나 가능한 일이고, 우리가 살고 있는 세상에는 부자건 가난한 사람이건 공평하게 매일 24시간을 쓸 수 있습니다.

영화와 달리 현실에서는 남은 시간을 볼 수 없어서일까요? 우리는 시간의 소중함을 놓치기 쉽습니다. 의미 없는 스마트폰 사용, 게임이나 도박 중독, 수업 중 과도한 수면으로 시간을 낭비하고 있습니다. 삶에 계획이 있다면 이런 유혹에 쉽게 넘어가지는 않을 것 같습니다.

자본주의 계급사회를 꼬집는 〈기생충〉은 아카데미 시상식에서 4관왕의 쾌거를 이루었습니다. 한국 영화사에 큰 족적을 남겼지요. 중학생에게는 다소 어려운 영화지만, 유명세만큼 명장면, 명대사도 많습니다. 특히 '계획'이라는 단어가 인상적입니다.

반지하에 사는 백수 아버지는 아들이 재학증명서를 위조하여 상류층 집에서 고액 과외를 하려는 것을 보고 "아들아, 너는 계획이 다 있구나."라고 말합니다. 이 대사는 주변에 계획적인 사람을 보면 재미 삼아 던지는 말이 되기도 했습니다. 그 계획이란 자신뿐만 아니라 아버지, 엄마, 여동생 일가족을 끌어들여 부잣

집에 얹혀 살려는 계획입니다. 이 계획은 실패로 돌아갔고, 모두 부잣집에서 도망치듯 나옵니다. 설상가상으로 폭우로 인해 반지하 집이 물에 다 잠겨 버립니다. 이 상황에서 아들은 아버지에게 묻습니다.

아들: 아버지, 앞으로 계획이 뭐예요?

아버지: 절대 실패하지 않는 계획이 뭔지 아니? 무계획이야, 무계획. 왜냐? 계획을 하면 계획대로 안 되거든, 인생이. 그러니까 사람은 계획이 없어야 돼. 계획은 무슨 계획! 아들아, 가장 완벽한 계획이 뭔지 아니? 무계획이야.

위 대사는 하는 사업마다 망하고, 가족들 생계는커녕 물난리에 내 몸 하나 건사하지 못해 무기력해진 아버지의 말입니다. 정말 인생에 계획이 필요 없는 것일까요? '무계획이 계획이다'라는 말은 배낭여행 갈 때나 쓸 수 있겠지요. 하지만 파릇파릇 돋아나는 새싹 같은 여러분은 '무계획'으로 시간을 보내다간 밍밍한 나날을 보낼 수도 있습니다. 작심삼일이 되더라도 꼭 계획을 세워 살기 바랍니다.

어떻게 하면 시간을 잘 관리할 수 있을까?

영어 속담에 "Time is money."라는 말이 있죠. 수업 시간 학생들에게 이런 질문을 한 적 있습니다.

"선생님이 너희들의 시간을 돈을 주고 산다면 얼마에 팔겠니?"

"1년에 1억씩 20년 치 20억이요.", "1조." 등 다양한 대답이 나옵니다. 내 시간의 가치가 어느 정도 될지 궁금하지 않으세요? 일단 1시간을 돈으로 환산해 보세요. 얼마가 적당할까요? 자신이 생각하는 가치에 따라 다르겠지만, 예를 들어 시간당 만 원이라고 하겠습니다. 그럼 오늘 낭비한 시간은 총 얼마인지 반성해 보세요. 시간을 돈으로 환산하면 시간이 얼마나 중요한지 새삼 느끼게 될 거예요.

돈은 은행에 맡겨 필요할 때 꺼내서 쓸 수 있지만, 시간은 그럴 수 없습니다. 그래서 시간 재테크, 줄여서 시테크라는 말까지 나왔죠. 그럼 효율적으로 시간을 관리하기 위해 어떤 전략을 짜면 좋을까요?

첫째, 해야 할 일의 목록을 작성해 보세요. 특히 중요한 일을 우선순위로 두고 시간 계획을 짜야 합니다. 예를 들면, 시험 기간에는 학교 시험공부를 우선순위로 두어야겠죠. 학교 시험이 코앞인데 여유 있게 독서나 게임을 즐길 수는 없잖아요. 시험 치는 날짜와 과목을 염두에 두고 해야 할 일의 목록을 적어야겠지요. 시험이 끝나고 나면 공부해야 할 동기가 현저히 줄어듭니다. 먼저 열심히 공부한 나에게 휴식을 제공하세요. 어느 정도 뇌에 여유를 준 뒤 다음 계획을 세우면 될 거예요. 오늘 할 일에서 영어 문제집 풀기, 인터넷 강의 듣기, 소설 읽기, 방 청소하기, 게임 영상 보기, 친구와 메신저 주고받기 중에 무엇을 우선순위에 두면 좋을까요?

둘째, 나의 집중력을 떨어뜨리는 요소가 있으면 없애 보세요. 적어도 공부할 때는 멀리 두어야겠지요. 이제 공부에 집중하려고 하는데 단체 채팅방에서 의미 없는 문자로 소리가 나면 집중하기가 힘들어집니다. 공부할 때만이라도 스마트폰을 나에게서 멀리 두세요. 공부가 끝난 뒤 또는 휴식시간에 그토록 보고 싶던 스마트폰과 만나는 거예요. 공부는 해야 하는데 스마트폰을 만지작거리고 있는 자신이 한심하다면 일정 시간만이라도 스마트폰과 이별해 보기 바랍니다.

셋째, 중요한 일은 메모하는 습관을 들여 볼까요? 우리의 기억력을 믿어서는 안 됩니다. 아침에 준비물을 못 챙겨서 당황했던 경험이 있지요? 준비물을 찾다 보면 소중한 아침 시간을 허비하게 되잖아요. 자려고 누웠는데 갑자기 수행평가 프로젝트에 대한 아이디어가 떠올랐다면 간단히 메모해 두면 어떨까요? 자고 일어나면 십중팔구는 잊어버리죠. 아이디어는 쥐어짤 때 나오는 것이 아니라 일상생활을 하다가 나오기 마련이거든요.

넷째, 자투리 시간을 활용해 보세요. 매일 5분, 10분이라도 괜찮습니다. 아침에 일어나자마자 스마트폰을 쥐고 뒹굴뒹굴하는 현대인들이 많습니다. 학생들도 다르지 않은데요. 그 아침 시간 중 5분 만이라도 책에 투자하면 어떨까요? 학교에서도 아침 독서를 강조합니다. 그래서 일부러 10분 정도 독서를 하라고 시간을 줍니다. 그런데 멍하니 있거나 떠들어서 담임선생님께 혼나는 학생도 있습니다. 시간을 돈으로 계산한다면, 만약에 10분을 10만 원으로 계산한다면 자투리 시간도 중요하게 생각하겠죠.

다섯째, 행동으로 보여 주세요. 계획보다 더 중요한 건 행동입니다. 빨리 행동할수록 내가 가진 시간이 많음을 알게 될 것입니다. 지금이라도 당장 움직여야 합니다. 될까 안 될까 쓸데없이 고민하는 시간에 그냥 시도해 보세요. 고민을 행동으로 옮기기 시작하면, 그래서 그 실천들을 조금씩 모아가면 인생의 적자를 흑자로 만드는 시기가 곧 옵니다.

행복은 찾는 것이 아니라 만드는 것이다

아침에 일어나 창문을 활짝 여는 윌. 부엌에서는 아름다운 여인이 커피를 타고 있습니다. 윌의 어머니입니다. 오늘은 어머니의 50세 생일입니다. 윌은 야근 수당으로 어머니에게 샴페인을 선물합니다. 어머니는 시간이 3일밖에 남지 않았지만 아들에게 점심값으로 30분을 기꺼이 내어 줍니다. 그 30분이 나중에 어떤 결과를 가져올지 전혀 모른 채 말이죠. 시간이 턱없이 부족하지만 윌과 어머니의 얼굴에는 웃음이 가득합니다.

반면에 시간을 독점해서 영원히 살 수 있는 '뉴 그리니치' 사람들의 얼굴에는 생기가 없습니다. 가난한 이들에게 시간은 목숨이지만, '뉴 그리니치'에서의 시간은 무료함입니다. 파티와 도박으로 시간을 때웁니다. 금융사 회장의 딸 실비아는 이렇게 말합니다. "가난한 사람은 일찍 죽고, 부자는 헛산다." 결국 무한한 시간이 지속적인 행복을 가져다주지는 않는다는 것입니다.

여기서 우리는 행복의 조건에 대해 생각해 볼 수 있어요. 학생들에게 "행복하니?"라고 물어보면 자신 있게 답변을 못 합니다. '행복'이란 딴 세상 이야기 같습니다. 낯설게만 느껴집니다. 대한민국의 행복지수가 최악이라는 건 어제오늘 이야기도 아닙니다. 그럼에도 학생들에게 말하고 싶습니다. "행복이란 기다리는 것이 아니라 만드는 것이다."라는 것을요.

맥컬리 컬킨, 휘트니 휴스턴, 엘비스 프레슬리는 왜 약물이나 알코올에 의존해야 했을까요? 미국의 유명 배우 로빈 윌리엄스는 왜 자살을 선택했을까요? 이유는 모릅니다. 다만 '경제적, 사회적 성공이 행복을 보장하지는 않는다'는 사실은 알 수 있습니다.

3,000억 원 복권에 당첨되면서 유명해진 미국의 사업가 잭 휘태커가 있습니다. 세계 최고 복권 당첨액의 행운을 거머쥔 거죠. 세금을 공제하고도 1,000억 원이 넘는 거금을 손에 쥐었습니다. 처음엔 당첨금의 10퍼센트를 교회에 기부하는 등 자선사업에도 열심히 참여했습니다. 하지만 그의 행운은 여기까지였습니다. 갈수록 돈을 흥청망청 썼습니다. 음주 운전, 폭행 혐의 등 무려 460건에 달하는 소송 사건에 연루되었고, 도난 사건도 연달아 일어났습니다. 불과 5년 만에 빈털터리가 되었습니다. 가장 슬픈 것은 손녀가 마약에 중독된 일입니다. 훗날 그는 복권 당첨이 축복이 아니라 사실상 '저주'였다고 고백했습니다.

프린스턴대학 명예교수이자 심리학자인 대니얼 카너먼은 돈과 행복의 상관관계에 관한 연구를 했습니다. 그 결과, 개인의 연봉이 7만 5,000달러를 넘으면 더는 행복지수가 증가하지 않는다는 사실을 발견했습니다. 즉, 연봉 1억 원을 받는 사람과 연봉 10억 원을 받는 사람의 행복도에는 큰 차이가 없다는 것입니다. 이외에도 여러 연구 결과가 있지만 종합하면 이렇습니다.

- 첫째, 돈과 행복의 연관성은 10퍼센트에서 20퍼센트 정도로 아주 낮으며, 연봉이 높은 사람은 낮은 사람보다 '약간' 더 행복하다.
- 둘째, 돈은 우리에게 최고의 경험을 제공하지만, 소소한 즐거움을 음미하는 능력을 빼앗아 간다.

따라서 행복하기 위해서는 돈을 어떻게 사용해야 하는지 알아야 하고, 일상의 소소한 즐거움을 찾기 위해 노력해야 한다는 것입니다. 무엇보다 소소한 행복감을 느끼려면 경험의 강도보다는 빈도를 높여야 합니다. 가끔 느끼는 즐거움보다 소소한 즐거움을 자주 느끼라는 뜻이죠. 비싼 레스토랑에 한 번 가는 것보다는 단골 레스토랑을 자주 이용하는 것이 행복도를 높이는 데 도움이 됩니다.

또한 좋아하는 일을 나눠서 경험하면 효과적입니다. 드라마를 몰아서 보기보다는 매주 한 편씩 보라고 권합니다. 경험에서 얻는 즐거움은 시간이 지날수록 감소하는데, 중간에 휴지기를 가지면 즐거움을 음미하는 능력이 다시 회복된다고 하네요.

소확행, 많이 들어봤을 겁니다. '소소하지만 확실한 행복'이라는 뜻이에요. 일상에서 흔히 접하는 작지만 뚜렷한 행복의 순간을 표현한 말입니다.

사실 '소확행'의 창시자는 일본의 대문호 무라카미 하루키입니다. 그의 수필집 『랑게르한스섬의 오후』에서 처음 쓰인 말인데요. 하루키는 자신이 만든 단어를 설명하기 위해 이런 예를 들었습니다.

서랍을 열었더니 가지런히 개어진 속옷이 가득 차 있는 일.
갓 구운 따끈따끈한 빵을 손으로 찢어서 먹는 것.
오래된 레코드판을 부드러운 천으로 깔끔하게 닦아 내는 일.

물건을 빌려 쓰는 것도 행복도를 높이는 데 도움이 됩니다. 물건을 소유함으로써 얻는 기쁨은 시간이 지날수록 줄어들기 때문이죠. 재활용하면 돈을 낭비하지 않고도 다양한 경험을 두루 즐길 수 있습니다. 인간은 다양성과 새로움을 지향하는 습성이 있어 새 물건을 사고 싶은 충동에 빠집니다. 하지만 가지고 있는 물건을 재활용하면 새 물건을 사지 않고도 새로움을 즐길 수 있다는 것이죠.

스마트폰을 처음 샀을 때의 느낌을 생각해 보세요. 날아갈 듯

기뻤을 것입니다. 한 달이 지나도 그 기쁨이 여전히 지속되던가요? 스마트폰은 여전히 내 손에 있는데, 행복한 기분은 사라져 버렸을 것입니다. 다른 물건도 마찬가지입니다.

따라서 물건이나 돈에 집착하거나 불안한 투자로 재산을 늘리기보다는 소비 습관을 현명하게 바꾸는 것이 행복하게 사는 데 도움이 됩니다.

경험을 사는 것 또한 행복하게 사는 길입니다. 구글은 매년 최우수 사원을 선정해 억 단위의 보너스를 지급해 왔지만 거액의 보상이 갈등을 조장한다는 비판을 받았습니다. 이후 거액의 보상보다 경험을 제공하는 방식으로 전략을 바꾸었습니다. 예를 들면 최우수 사원과 그 배우자를 아름다운 해변으로 여행을 보내 주는 것입니다. 여행을 다녀온 직원은 "10배의 현금을 받는 것보다 더 의미 있고 귀중한 경험이었다. 이 휴가는 개인뿐 아니라 조직 전체에도 긍정적인 영향을 끼쳤다."라고 했습니다.

'같은 금액의 돈으로 친구들과 여행하기'와 '비싼 옷 사기' 중에서 여러분은 무엇을 선택할 건가요? 무엇이 여러분을 더 행복하게 할까요? 비싼 옷을 구매해서 입어 보고 SNS에 올릴 때는 행복했을지 모르지만 그 느낌은 오래가지 않습니다. 좋은 댓글이 없으면 오히려 실망할 수도 있겠지요. 하지만 친구들과의 여행은 다릅니다. 함께하는 동안 유대감을 형성하면서 그 관계가 오래 유지될 수 있습니다. 같은 여행지에 다녀온 다른 사람과 그 경험을 공유할 수도 있고요. 낯선 장소에서 겪었던 새로운 경험들이 신선한 행복감을 줄 수 있습니다. 이렇듯 의미 있는 경험은 개인의 행복도를 높이는 데 큰 기여를 합니다.

행복감을 느끼려면 의미 있는 목표를 세우는 것도 중요합니다. 긍정심리학 분야의 신진 학자인 소냐 류보머스키 교수는 "행복한 사람은 자신만의 목표와 실행 계획을 가지고 있다."라고 했는데요. 여기서 말하는 의미 있는 목표란 무엇일까요?

---

1. 스스로 선택한 목표여야 한다.

(예) 부모님의 강요로 의대에 진학(타인이 선택한 목표)
암을 치료하는 의사가 되고 싶어 의대에 진학(스스로 선택한 목표)

---

2. 회피형 목표보다 접근형 목표여야 한다.

(예) 식습관을 개선하여 살이 더는 찌지 않도록 하겠다(회피형 목표)
식습관을 개선하여 살을 빼고 건강해지겠다(접근형 목표)

---

3. 환경을 바꾸는 것이 아니라 새로운 활동에 도전하는 목표여야 한다.

(예) 스마트폰을 최신 모델로 바꾼다(환경을 바꾸는 목표)
자유여행을 위해 어학 공부에 도전한다(새로운 활동을 추구하는 목표)

행복에 관한 수많은 연구의 결과는 '사람의 행복을 결정하는

건 목표 달성이 아니라 목표를 달성하는 과정을 즐기는 것'이라고 말합니다. 과정까지 즐길 수 있는 목표를 추구하면, 중간에 힘든 일이 생기더라도 견딜 수 있습니다.

지속 가능한 행복을 누리기 위해서는 작은 목표를 여러 개 설정해서 성취의 기쁨을 자주 느끼는 것도 도움이 됩니다. 커다란 목표를 달성한 순간 도파민이 분출되어 행복감을 느끼지만 그 효과는 오래가지 못한다고 합니다. 작은 일에 소홀하면 절대 큰 성공으로 갈 수 없습니다. 작은 실천 하나하나가 여러분을 행복의 길로 인도할 것입니다.

광고인 박웅현은 『책은 도끼다』에서 작자 미상의 중국 시를 소개했습니다.

하루 종일 봄을 찾아다녔으나 보지 못했네.
짚신이 닳도록 산 구름 덮은 곳까지 헤맸네.
지쳐 돌아오니 창 앞 매화 향기 미소가 가득
봄은 이미 그 가지에 매달려 있었네.

행복이 어디 있는지 먼 곳까지 돌아다녔건만 정작 행복은 내 눈앞에 있었다는 뜻입니다.

진로 더하기 생각

☑ 행복해지는 방법 중 하나로 경험의 강도보다는 빈도를 높이라고 했습니다. 소소한 즐거움을 자주 느끼라는 뜻인데요. 여러분은 어디에서 소소한 즐거움을 느끼나요?

㉮ 주말마다 친구들과 영화 보고 외식하기
점심 시간마다 운동장에서 축구하기
학교 도서관에서 책 빌려 읽고 다독상 도전하기

☑ 지속 가능한 행복을 누리기 위해서는 작은 목표를 여러 개 설정해서 성취의 기쁨을 맛보라고 했습니다. 여러분이 일주일 동안 실천할 수 있는 작은 목표에는 어떤 것이 있을까요?

㉮ 영어 학원 미션 단어 다 외우기
아침에 10분씩 독서하기
좋아하는 과목 시간마다 한 번 이상 대답하거나 질문하기

내 인생 드라마의 주인공은 나다

우리 삶에 라이벌은 필요합니다. 서로 발전하기 위한 '선의의 경쟁자'가 되기 때문이지요. 수업 분위기가 좋은 학교는 내신 등급 받기가 힘듭니다. 너 나 할 것 없이 열심히 하니까요. 그럼에도 불구하고 우수한 친구들 사이에서 공부하고 싶다고 느낍니다. 주변에 라이벌이 한두 명이 아닌데도 말이지요. 나를 옥죄는 부담뿐만 아니라 긍정적인 자극도 함께 주기 때문입니다. 나를 해치는 적은 멀리하고, 나의 발전에 도움이 되는 라이벌은 가까이 두어도 됩니다. 여러분의 라이벌은 지금 어디에 있나요?

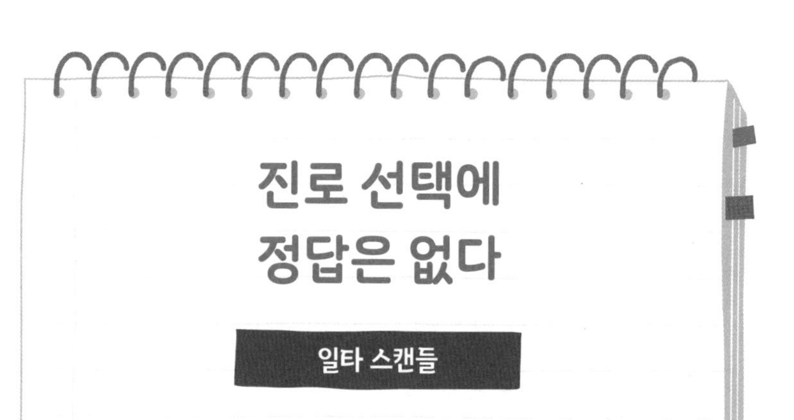

최치열은 자타공인 1조 원의 남자입니다. 현장 강의, 인터넷 강의, 교재와 부가가치까지 합치면 1조 원의 경제가치를 만듭니다. 그의 현장 강의를 듣기 위해서는 새벽부터 줄을 서야 합니다. 화려한 성공 이면에 그는 정작 샌드위치 하나 소화시키지 못하는 섭식 장애를 안고 살아갑니다.

남행선은 국가대표 핸드볼 선수였지만, 지금은 반찬가게를 운영하고 있습니다. 아픈 남동생과 딸을 책임지기 위해 핸드볼을 포기했습니다. 다행히 엄마의 손맛을 물려받아 반찬이 맛있다고 소문이 나지요. 섭식 장애를 가진 최치열도 남행선의 반찬만 있으면 밥 한 그릇 뚝딱입니다.

드라마 〈일타 스캔들〉은 사교육 일번지 대치동에서 펼쳐지는 이야기입니다. 섭식 장애를 앓고 있던 일타강사 최치열과 긍정의 끝판왕 남행선이 줄다리기 로맨스를 펼칩니다. 그렇다고 로맨스만 있는 건 아닙니다. 새총으로 발사된 쇠구슬로 학생과 선생님까지 사망하게 되는데요. 범인이 누구인지 궁금증을 유발하는 스릴러적 요소를 가미하기도 했습니다. 또한 입시 스트레스에 빠져 난독증을 앓게 된 수아, 은둔형 외톨이 히키코모리가 된 희재를 통해 수험생의 애환도 엿볼 수 있습니다.

우리는 타인과 너무 비교하며 산다

'카페인 중독'이라는 신조어가 탄생했습니다. '카카오톡', '페이스북', '인스타그램'의 앞글자를 땄습니다. 요즘 사람들은 SNS를 통해 이전 세대보다 더 쉽고 빠르게 '비교 대상'에 노출되어 자존감을 잃는 경우가 많습니다. 우리는 지나치게 타인과 자신을 비교하며 불행하게 살고 있습니다. 그 비교 대상이 진짜가 아닌데도 말이죠.

"내가 더 열심히 했는데 왜 2등이지?"

"쟤는 금수저여서 부럽다."

"왜 나는 이렇게 못생겼을까?"

살면서 이런 생각을 안 해본 사람은 드물 겁니다. 의식하지 않아도, 비교하고 싶지 않아도 저절로 떠오르는 생각이니까요. 잘나가는 친구의 모습을 보면 순간 마음의 상처에 소금을 뿌린 것처럼 통증이 있습니다. 겉으로 축하는 해 주지만 진심으로 기뻐하기는 힘듭니다. 그럴 수 있습니다. 하지만 대부분 부정적으로 작용해 몸과 마음을 해칩니다. 특히 열등감에 사로잡힌 사람에게는 더 크게 다가올 수 있습니다. 자존감을 떨어뜨리는 요인 중 하나가 남과의 비교입니다.

〈일타 스캔들〉의 남해이는 모든 대학에서 문 열어놓고 기다릴 만한 이상적인 학생일 것입니다. 힘들게 반찬가게를 하는 엄마를 자랑스러워하고, 아스퍼거 증후군이 있는 삼촌을 배려합니다. 학급의 반장으로 궂은일을 마다하지 않고, 공부를 가르쳐 달라는 친구의 요청에 기꺼이 자신의 시간을 내어줍니다. 가정형편이 넉넉지 못해 학원이나 과외는 꿈도 못 꾸고 혼자서 공부합니다. 그래도 성적이 최상위권입니다. 모두에게 사랑받을 만한 캐릭터입니다. 이런 남해이를 질투하는 친구가 있습니다. 남해이에게 전교 1등을 뺏길까 봐 전전긍긍하는 방수아입니다. 재력, 정보력, 인맥으로 든든하게 지원받고 있어 공부하는 데 불편함이 없습니다. 남해이는 가정형편 때문에 일타강사의 수업을 듣고 싶어도 엄마의 눈치를 봅니다. 그래도 방수아는 남해이를 질투합니다.

10개 중에 9개를 가져도 나머지 하나가 아쉽습니다. 본인이 가진 것에 대해 감사할 줄 모릅니다. 방수아는 자신의 시험 결과보다 다른 친구들이 얼마나 망쳤는지가 더 중요합니다. 본인이 성장하는 것보다 친구들이 나락으로 떨어질 때가 더 행복해 보입니다. 그러니 남해이의 성적이 급상승하자 불안함을 표출하지요. 모의고사 1등을 뺏긴 후 급체로 복통을 호소하며 응급실에 실려 갑니다. 체육 시간에도 운동장에 나가지 않고 혼자 공부하다 헛것을 보는 등 이상 증세를 보입니다. 환각과 환청을 겪고, 정신적으로 피폐해져 갑니다. 아슬아슬한 줄타기를 하는 것 같습니다.

치킨게임이 아니라 선의의 경쟁이다

치킨게임이라고 들어본 적이 있나요? 1950년 미국의 무모한 자동차 경주에서 비롯된 말입니다. 두 대의 차량이 마주 본 상태로 돌진합니다. 충돌 직전, 아슬아슬하게 한 명이 방향을 틀게 되면 그 사람은 '치킨', 즉 겁쟁이가 되는 것이죠. 만약 둘 다 차의 방향을 틀지 않는다면 이판사판 모두가 죽는 것입니다. 위험한 게임이지요. 그러니 치킨게임이란 양쪽 모두 파국에 치달을 수 있는 극단적인 경쟁을 지칭하는 말입니다. 기세 싸움으로 기업 간 경쟁을 표현할 때도 많이 쓰입니다.

공부는 치킨게임이 아닙니다. 친구가 망해야만 내가 살아남는 것은 아니잖아요. 선의의 경쟁을 하는 이유는 내가 성장하기 위함이지 친구의 불행을 원해서는 아닙니다.

같은 분야에서 경쟁하는 맞수를 '라이벌rival'이라고 합니다. 라이벌의 어원은 강江을 뜻하는 '리부스rivus'와 연관됩니다. 강물을 함께 사용하는 주민을 'rivalis(리발리스)'라고 하는데, 영어 'rival'은 이 'rivalis'에서 나온 것입니다. 강물이 풍부하면 물을 함께 나누는 친구와 동료가 되지만, 가물면 더 많은 물을 차지하기 위해 싸우는 앙숙이 되고 말지요. 이처럼 라이벌은 공생 관계에 있는 경쟁자입니다. 서로를 끊임없이 긴장하게 만들어 발전의 촉매제가 되어 줍니다.

스포츠 세계에서도 늘 라이벌이 존재해 왔습니다. 흥행을 위해 일부러 라이벌을 만들기도 하고요. 피겨 스케이팅에서는 김연아와 아사다 마오, 축구에서는 메시와 호날두가 대표적인 라이벌 관계였습니다. 국내 대학도 라이벌전이 있지요. 연세대와 고려대의 고연전(혹은 연고전)입니다.

우리 삶에 라이벌은 필요합니다. 서로 발전하기 위한 '선의의 경쟁자'가 되기 때문이지요. 수업 분위기가 좋은 학교는 내신 등급 받기가 힘듭니다. 너 나 할 것 없이 열심히 하니까요. 그럼에도 불구하고 우수한 친구들 사이에서 공부하고 싶다고 느낍니다. 주변에 라이벌이 한두 명이 아닌데도 말이지요. 나를 옥죄는 부담뿐만 아니라 긍정적인 자극도 함께 주기 때문입니다. 나를 해치는 적은 멀리하고, 나의 발전에 도움이 되는 라이벌은 가까이 두어도 됩니다. 여러분의 라이벌은 지금 어디에 있나요?

미켈란젤로는 이탈리아의 대표적인 건축가이자 화가입니다. 시스티나 성당 천장화는 그의 위대한 작품 중 하나지요. 600평방미터 넓이의 어마어마한 작품입니다. 그가 성당의 천장화를 그릴 때였습니다. 받침대 위에 올라가 누운 채로 천장 구석에 인물을 조심스럽게 정성 들여 그리고 있었습니다. 그때 친구가 물었습니다.

"그렇게 구석진 곳에 잘 보이지도 않는 인물을 그리려고 그 고생을 하는가? 그게 완벽한지 아닌지 누가 안단 말인가?"

미켈란젤로가 대답했습니다.

"내가 알지."

대충 그려도 아무도 모를 테지만, 미켈란젤로는 스스로에게 떳떳하기 위해 정성 들여 그린 것입니다. 여기서 우리는 알 수 있습니다. 진정한 라이벌은 자기 자신이라는 것을요. '이만하면 됐겠지', '더 이상은 못 하겠어'라며 현실에 안주하는 내가 라이벌입니다. 어쩌면 매일 마음속 라이벌과 결투를 벌이고 있는지도 모르겠습니다. 자신에게 떳떳해야 합니다. 자신에게 떳떳하지 못하면 남들 앞에 당당히 서지 못합니다. 다른 사람이 칭찬해도 부끄럽습니다. 정정당당하게 경쟁해서 자신을 이겨 내기 바랍니다.

지나치게 높은 목표는 오히려 좌절감을 유발한다

수험생의 안색은 칙칙하고 생기가 없습니다. 햇빛도 제대로 들어오지 않는 실내에서 몇 시간씩 공부하니 그럴 수밖에요. 거기다 숫자로 표시되는 성적표는 내 마음을 불안하게 합니다. 스트레스를 유발하지요. 두통과 위염은 한 번씩 출몰하는 증상이고, 심지어 허리디스크로 앉아 있기도 힘든 학생도 있습니다. 아픈 병은 신체 조직만 건드리는 것이 아닙니다. 마음도 건드립니다.

〈일타 스캔들〉의 전교 1등 방수아도 마음의 병이 있습니다. 원인은 입시 스트레스, 번아웃입니다. 공부하는 내내 불안한 표정과 위태위태한 심리 상태를 보여 줍니다. 사실 그녀는 공부하기에 최적화된 조건을 가지고 있습니다. 여기서 말하는 것은 외적인 조건입니다. 수아임당으로 불리는 어머니는 정보력이 뛰어납니다. 학교와 학원을 오가는 시간을 줄일 수 있도록 연예인 매니저처럼 차를 가지고 항시 대기합니다. 연예인이 매니저 차 안에서 대본을 외우듯이 방수아도 엄마 차에서 공부를 합니다. 24시간 전교 1등을 하기 위한 계획이 촘촘하게 짜여져 있습니다. 방수

아는 열심히 공부했고, 결과도 좋았습니다. 그런데 예상치 못한 복병이 나타납니다. 경쟁자인 남해이의 성적이 자신을 위협하는 것이었습니다. 입시에 대한 강박으로 환각과 환청을 겪습니다. 경쟁자 남해이를 난간이나 차도로 밀어 버리고 싶은 충동마저 느낍니다. 불안에 휩싸인 방수아를 보면 안타까움이 밀려옵니다.

번아웃 증후군Burnout Syndrome이란 정신적으로 너무 지쳐 일상과 업무에서 아무 의욕도 생기지 않는 무기력한 상태를 말합니다. 배터리를 채워도 잔량이 얼마 남지 않은 휴대폰처럼 말입니다. 모든 일에 의욕과 관심이 떨어지고 예전에 흥미를 느꼈던 일에도 아무런 감정을 느끼지 못합니다. 원래 직장인이 주로 경험했지만, 최근에는 학업 스트레스로 번아웃 증후군을 겪는 청소년도 늘어나고 있습니다. 슬럼프도 비슷합니다. 자기 실력을 제대로 발휘하지 못하고 저조한 상태가 지속됩니다. 운동, 공부 등에서 노력한 만큼 결과가 나오지 않으면 의욕을 잃게 되지요.

3월, 의욕적으로 진로 교실에 찾아온 학생이 있었습니다. 공부를 시작하고 싶다고 했습니다. 생각 없이 보낸 중학교 시절을 후회하며 고등학교 때는 열심히 공부하겠다고 했습니다. 공부 방법과 진로에 관해 이야기를 나누었습니다. 누구보다 에너지가 넘쳤습니다. 저뿐만 아니라 모든 과목 선생님이 칭찬했습니다. 그런데 두 달쯤 지나자 수업 시간에 엎드리기 시작하더군요. 물어보면 몸이 안 좋다고 합니다. 대체로 다른 학생들은 3월에 적응을 못하다가 서서히 좋아지는데, 이 학생은 반대였습니다. 일종의 번아웃이 온 것입니다. 극복하는 데 6개월 이상이 걸렸습니다. 꽤 긴 시간이지요. 원인은 목표를 너무 높게 설정했기 때문입니다. 열심히 한다고 했는데 기대한 만큼의 성과가 나오지 않으니 실망한 것입니다. 몸이 적응할 틈도 없이 의욕만 넘쳤기 때문입니다. 중학교 때 공부를 안 한 상태에서 점진적으로 공부량을 늘려야 하는데, 부족한 틈을 빨리 메꾸고자 무리한 것입니다. 노력에 비해 성적은 형편없었습니다. 아마 본인이 더욱 감당하기 힘들었을 겁니다. 전력 질주를 했는데 남들보다 한참 뒤에 결승선을 통과했을 때의 기분이 아니었을까요?

번아웃을 느끼는 자신을 다독여 주자

대충 사는 사람에게는 번아웃이 오지 않습니다. 최선을 다하고 열심히 하려다 번아웃이 오지요. 그렇다고 최선을 다하지 말아야 할까요? 그건 아닙니다. 나 자신부터 챙기고 속도를 유지하는 것이 중요합니다. 그럼 번아웃을 예방하려면 어떻게 하면 좋을까요?

첫째, 한꺼번에 많은 것을 이루려고 하지 마세요. 갑자기 학습 동기가 솟아오르더라도 욕심을 내려놓고 차근차근 나아가세요. 노력한 만큼의 성과가 안 나올 수도 있어요. 같은 힘을 줬다고 당장 같은 결과가 나오지는 않습니다. 노력한 결과는 수학 공식이 아니니까요. 대입한 숫자에 따라 결과가 정확하게 떨어지지 않습니다.

내 딴에는 한다고 했는데 아쉬운 결과가 나오면 "해도 안 되네.", "인생 뭐 있어? 현재를 즐기지 뭐. 노력하면 뭐 해."라면서 핑계를 갖다 붙입니다. 마치 무기력해지기 위한 이유를 찾았다는 듯이 말이지요. 급한 성미가 오히려 화를 자초할지도 모르니 천천히 나아가세요.

둘째, 작은 성취도 스스로 칭찬해 주세요. 하루 목표량을 달성했을 때, 수업 태도가 좋아졌음을 느꼈을 때, 친구에게 모르는 것을 물어보고 알게 되었을 때 모두 뿌듯한 일입니다.

셋째, 혼자서 해결하지 마세요. 마음속으로 할 수 있다고 천만 번을 되뇌어도 의욕은 살아나지 않습니다. 동기부여 영상이나 힘을 주는 노래도 들어보세요. 가장 좋은 것은 자기계발서입니다. 누워서 딴생각하거나 무의미한 영상만 쳐다볼 바에야 그 시간에 자기계발서를 읽는 것이 낫습니다. 시나 소설도 머리를 식히고 어휘력을 풍부히 만드는 데는 효과적이겠지만, 당장 의욕이 없고 슬럼프에 빠져 있을 때는 자기계발서만 한 것이 없지요. 책 1권 읽는 데 한 달이 걸리는 것도 아니고 마음먹고 읽으면 3시간이면 충분합니다. 공부법, 대인관계, 성공 사례, 시간 관리법 등 여러 장르의 자기계발서를 권합니다. 의욕에 불을 지피고 학습 동기를 가질 수 있습니다. 마음가짐이 새로워질 것입니다.

멋진 미래가 반드시 오리라

세계 최고의 부자였던 앤드루 카네기는 19세기 미국 산업계를 대표했던 기업가입니다. '철강왕 카네기'로 불리지요. "부자인 채로 죽는 것은 부끄러운 일이다."라며 대부분의 재산을 사회에 환원했습니다. 미국 전역에 3,000여 개의 도서관을 짓고, 7,000대가 넘는 파이프 오르간을 기부한 자선사업가입니다.

카네기는 젊은 시절 세일즈맨으로 일했습니다. 여러 집을 돌아다니며 방문판매를 했지요. 어느 날, 한 노인의 집에서 멋진 그림을 보게 되는데요. 쓸쓸한 해변에 커다란 나룻배 한 척과 낡은 노 하나가 아무렇게나 뒹굴고 있었습니다. 바닷물은 썰물이어서 물이 다 빠져 버렸고, 배는 온갖 쓰레기와 함께 모래사장에 방치된 그림입니다. 그림 밑에는 화가가 적어 놓은 글귀가 있었는데 그의 마음을 사로잡았습니다.

"반드시 밀물은 오리라. 그날 나는 바다로 나아가리라!"

집으로 돌아온 카네기는 잠을 이룰 수가 없었습니다. 그 글귀가 가슴에 선명하게 새겨져 있었기 때문입니다. 그는 고난과 역경을 맞닥뜨릴 때마다 그 글귀를 상기하며 인생의 밀물을 기대하며 인내할 수 있었습니다. 힘들고 어려운 나날의 연속이었지만 시련을 극복하는 데 원동력이 되어주었습니다. 마침내 세계적인 부호가 된 카네기는 용기를 심어 준 그 그림을 구입했습니다. 유명한 화가의 값나가는 그림은 아니었지만 일생 동안 벽에 걸어 두고 소중히 여겼다고 합니다.

차가운 겨울은 봄 햇살에 녹아내리고, 썰물과 밀물은 번갈아가며 옵니다. 슬럼프는 지나가고 기회는 다시 옵니다. 고난과 역경이 영원하진 않습니다. 버튼 브레일리Berton Braley가 쓴 다음의 시를 읽으며 인생 최고의 날을 기다려 볼까요?

최고의 시는 쓰여지지 않았다

최고의 시는 아직 쓰여지지 않았다.
최고의 집은 아직 지어지지 않았다.
최고봉은 아직 정복되지 않았다.
최대의 강의 다리는 아직 놓여지지 않았다.
그러므로 두려워 말고 초조해하지도 말라.
약한 마음을 먹지도 말라.
기회는 이제 막 오고 있다.
최고의 일은 아직 시작되지 않았다.
최고의 작품은 아직 완성되지 않았다.

차가운 겨울은 봄 햇살에 녹아내리고,

썰물과 밀물은 번갈아가며 옵니다.

슬럼프는 지나가고 기회는 다시 옵니다.

진로 더하기 생각

☑ <일타 스캔들>은 각 화마다 적절하게 소제목이 붙어 있습니다. 수학 강사가 주인공인 만큼 수학 용어를 섞어 소제목을 배치했는데요. 쌉쌀한 수학 용어와 달콤한 로맨스를 결합하여 어떤 전개가 펼쳐질지 호기심을 불러일으킵니다. 16개의 소제목을 소개할 테니 여러분의 경험과 어울릴 만한 소제목이 있는지 살펴보세요. 반드시 사랑이 주제일 필요는 없고, 제목을 살짝 바꾸어도 됩니다.

☐ 너와 나, 두 우주의 교집합

☐ 원수를 외나무다리에서 만날 확률

☐ 비호감이 호감이 되는 경우의 수

☐ 등차수열의 반란

☐ X와 Y의 비밀 확률 분포

☐ 인생엔 정답이 아닌 여러 개의 모범답안이 있을 뿐

☐ 사랑에 빠지는 아주 보통의 법칙

☐ 인연이 운명이 되는 귀납적 추론

☐ 우리 만남의 나비효과

☐ 관계를 바꾸는 감정이라는 변수

☐ 우리 사랑의 관계함수

☐ 희극과 비극의 교차점

☐ 미제謎題에 대처하는 우리의 자세

☐ 오직 하나의 해를 구하라

☐ 우연과 필연의 결괏값

☐ 너와 나, 두 우주의 합집합

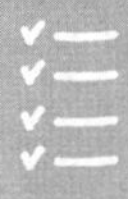

☑ 철강왕 카네기는 이름 없는 화가의 그림에 쓰인 문구 덕분에 시련을 극복하고 용기를 얻었다고 했습니다. "반드시 밀물은 오리라. 그날 나는 바다로 나아가리라!" 그림의 유명세나 가격과는 상관없이 여러분에게 감동을 준 그림이나 문구가 있나요?

여러분에게는 목표가 있을 것입니다. 먼 데 있는 목표만 본다면 너무 멀고 험난해서 중간에 포기합니다. 완주의 기쁨을 누릴 수 없지요. 42.195km의 마라톤도 결승선만 보고 달리는 건 아니잖아요. 구간을 나누어 빨간 건물이 첫 번째 목표, 대성당이 두 번째 목표, 이런 식으로 중간중간에 작은 목표들을 마음속에 표시해 두는 겁니다. 큰 목표를 작은 목표로 나누면 하나씩 이루어가는 재미도 있고, 해냈다는 성취감도 만끽하게 될 것입니다. 그러다 보면 나도 모르게 버티게 되는 것이지요.

진로를 찾는 과정은 마라톤이다

스물다섯 스물하나

〈스물다섯 스물하나〉의 시대적 배경은 1998년 IMF 직후입니다. 두 주인공도 IMF라는 큰 태풍을 피할 수 없었지요. 주인공 나희도는 펜싱 금메달리스트를 꿈꾸는 여고생입니다. 아빠는 돌아가셨지만, 뉴스 앵커인 어머니 밑에서 부족함 없이 자랐습니다. 그러나 IMF의 여파로 학교에서 펜싱부를 없애 버리자 자신의 세계가 없어졌다며 비통해합니다. 상심의 시간도 잠시, 나희도는 펜싱부가 있는 태양고로 전학을 가겠다는 계획을 세우죠. 태양고는 나희도의 우상 고유림, 펜싱 금메달리스트가 다니는 학교입니다.

백이진은 잘생기고, 잘 노는 재벌집 도련님이었습니다. 대학에 입학하자 스포츠카도 선물받지요. 인자하신 부모님과 애교 많은 남동생과 함께 남부럽지 않게 살았습니다. IMF가 이 모든 걸 빼앗아 가기 전까지는요. 아버지의 회사가 부도를 맞고, 부모님은 위장 이혼을 하면서 가족들은 뿔뿔이 흩어집니다. 백이진은 유리창이 다 깨진 허름한 단칸방에 혼자 살게 됩니다. 휴학한 뒤 훗날 복학도 장담할 수 없는 상황입니다. 새벽에는 신문을 돌리고, 오후엔 만화방에서 아르바이트를, 밤에는 빚쟁이들에게 멱살을 잡혀가며 하루하루 버티고 있습니다.

IMF라는 무거운 시대적 분위기를 가져왔지만, 주인공들은 건강함과 풋풋함으로 역경을 극복해 냅니다. 힘든 길을 가고 있는 현재의 청춘들에게도 절망 속에서 희망을 볼 수 있다는 긍정적인 믿음을 심어 주는 드라마입니다. 펜싱이 소재인 것도 신선했는지, 활동적인 아이들은 쉬는 시간에 '쁘레(경기를 준비하라)', '알레(경기를 시작하라)'를 외치며 나희도를 흉내 내기도 했습니다.

끝까지 완주하기 위해서는 전략이 필요하다

나희도는 펜싱 코치로부터 청천벽력 같은 말을 듣습니다. 펜싱부가 해체되니 각자 다른 길을 찾아가라고 합니다. IMF로 인해 학교 예산이 줄었으니 어쩔 수 없다고 야속하게 말합니다.

길이 막혔다고 거기서 그만둘 나희도가 아닙니다. 펜싱부가 있는 학교로 전학을 가기로 합니다. 그런데 어머니의 반대에 부딪혔지요. 엉뚱한 나희도는 강제 전학이라도 가서 기필고 펜싱을 계속하려고 합니다. 딸이 고집을 피우며 반항하자 완강하던 어머니는 결국 전학을 허락합니다. 펜싱이 주요 소재가 되다 보니 운동선수 특유의 끈기를 보여 주는 장면이 많습니다. 땀과 눈물로 범벅된 선수들을 보면서 우리 속에 살아 있는 투지의 세포도 깨울 수 있습니다.

그 어려운 시절, 드라마 속 청춘들은 각자의 위치에서 잘 버텼습니다. 특별한 노력 없이 시간만 축내고 있는 걸 버틴다고 하지는 않지요. '작심삼일'이라는 말이 왜 생겼을까요? 그만큼 버티는 것이 어렵다는 겁니다.

인생을 흔히 마라톤에 비유합니다. 공부나 운동도 마라톤에 비유할 수 있습니다. 긴 여정을 100미터처럼 전력 질주를 하거나 혹은 쉬엄쉬엄 가다가는 오히려 더 지칩니다. 등산할 때 힘들다고 잠시 주저앉으면 일행과 멀어지면서 몸이 더 천근만근 무거워지는 경험을 한 적이 있을 거예요. 마라톤은 꾸준히 자기 페이스를 지키며 뛰어야 합니다. 마라톤은 1등뿐만 아니라 최선을 다한 꼴찌에게도 찬사를 보냅니다. 반면 중도에 포기한 사람에게는 박수를 보내지 않지요.

여러분의 인생을 마라톤이라고 생각해 보세요. 마라톤에서 낙오되지 않으려면 나름대로 원칙과 속도가 필요합니다. 페이스 조절이 필수이지요. 그래야 끝까지 버티고 완주할 수 있습니다. 마라톤의 페이스 조절법을 공부에도 대입해 보세요. 이상하리만치 잘 맞아떨어집니다. 목표를 이룰 때까지 잘 버티는 전략을 마라톤에 빗대어 소개하겠습니다.

첫째, 마라톤에서는 경기를 시작하기 전, 완주 시간을 설정합니다. 공부할 때도 원하는 바를 이루기 위해 어느 정도의 노력과 시간을 들여야 하는지 계산해 봅니다.

㉔ 빅데이터 전문가가 되어 공공기관 서비스 효율을 높일 것이다.

→ ○○대학교 ○○학부: 학생부교과전형 지원, 내신 2등급 이내 목표.

둘째, 마라톤을 완주하려면 훈련 계획을 세워야 합니다. 속도 훈련과 스트레칭 시간을 계산하듯이 공부도 매일 해야 할 분량을 계획합니다.

㉮ 1주일간 영어단어 200개, 수학 3단원 10장 풀기, 모의고사 기출문제 2회 등.

셋째, 마라톤은 장거리 경주입니다. 속도와 강도를 조절하고, 근육의 피로도 관리해야 합니다. 경쟁한답시고 처음부터 빨리 달렸다간 낙오될 수도 있습니다. 공부하다 번아웃이 오면 한참을 무기력하게 있어야 합니다. 번아웃이 오지 않도록 버티기와 쉬기를 적절히 조절해야 합니다. 마라톤이건 공부건 체력만큼 강한 무기도 없습니다.

㉮ 일정 시간 이상 수면, 스트레스는 즉시 풀기 등.

넷째, 체력과 힘, 속도 등을 고려하여 자신에게 맞는 훈련 방식을 찾습니다. 전교 1등의 비법이 공부의 왕도는 아닙니다. TV에 나오는 전문가의 말을 무조건 신뢰할 수는 없습니다. 각자 자기에게 맞는 공부법이 있습니다. 자신의 객관적인 수준과 한계를 빨리 받아들이고 극복하는 방법을 찾아야 합니다.

㉮ 공부할 때 휴대폰을 들여다보는 습관이 있다.

→ 공부할 때는 휴대폰을 거실에 둔다. 엄마에게 맡긴다.

도서관에 갈 때는 휴대폰을 두고 간다.

㉮ 저녁 식사 후 졸려서 누웠는데 아침까지 잔 적도 있다.

→ 저녁 식사 후 졸리면 책상에 엎드려서 20분 정도 자고 일어난다.
졸리면 음악을 들으며 산책한다.

다섯째, 흔들리는 멘탈을 부여잡아야 합니다. 훈련 도중 체력이 떨어지면 정신도 지치게 마련입니다. 누군가 포기하라고 속삭이는 것 같지요. 이때 필요한 것이 긍정적인 마음가짐입니다. '할 수 있다'라고 마인드 컨트롤을 하면서 자신의 능력을 믿어야 합니다.

무작정 버틸 수는 없습니다. 전략이 필요합니다. 마라톤 훈련에 빗대어 공부의 전략을 소개했는데요. 여러분 각자 나름대로의 목표가 있을 것입니다. 목표가 더 멀고 높은 곳에 있다면 중간에 포기하기 쉽습니다. 완주의 기쁨을 누릴 수 없지요. 42.195km의 마라톤도 결승선만 보고 달리는 건 아니잖아요. 구간을 나누어 빨간 건물이 첫 번째 목표, 대성당이 두 번째 목표, 이런 식으로 중간중간에 작은 목표들을 마음속에 표시해 두는 겁니다. 큰 목표를 작은 목표로 나누면 하나씩 이루어가는 재미와 함께 성취감을 느낄 수 있습니다. 그러다 보면 나도 모르게 목표에 다다를 때까지 버티게 되는 것이지요.

롤 모델을 찾으면 진로가 보인다

비가 내리는 날, 한 여학생이 우산이 없어 안절부절 어쩔 줄 몰라 하고 있습니다. 그녀의 이름은 고유림. 그때 하늘에서 우산이 내려옵니다. 비 맞지 말고 쓰고 가라는 여학생의 목소리와 함께요. 옥상에서 우산을 내려준 여학생은 바로 나희도였습니다. 본인은 온몸이 비에 젖었는데도 말이죠.

나희도가 강제 전학이라는 방법을 동원해서라도 태양고로 가려했던 이유가 있었습니다. 바로 나희도의 우상, 고유림이 태양고를 다니고 있었거든요. 고유림은 자타 공인 펜싱 톱클래스입니다. 나희도와 동갑이지만 펜싱 금메달리스트로 이미 TV에 얼굴이 알려진 스타이지요. 그저 그런 선수로 주목도 못 받고 있는 나희도에게는 고유림이 멘토이자 삶의 목표였습니다. 고유림은 나희도에게 직접적인 멘토는 아니지만 펜싱을 포기하지 않게 하는 강력한 동기였습니다.

"존경하는 인물은 누구인가요?"

"당신의 롤 모델은 누구인가요?"

면접에 단골손님처럼 나오는 질문이자 중·고등학교에서도 수행평가의 주제로 나오지요. 자신의 롤 모델 찾기. 자주 질문을 받아서 고등학생 정도 되면 대답이 바로 튀어나올 것 같지만 이상하게도 매번 "잘 모르겠는데요.", "없는데요.", "그냥 세종대왕? 이순신 장군?" 이런 류의 반응을 보입니다. 내가 감동해서 본받고 싶은 어떤 인물이 있다는 것은 내가 더 나은 사람으로 성장하고 싶다는 의지가 있다는 것을 말합니다. 롤 모델은 역사적 위인이 될 수도 있고, TV에 자주 등장하는 유명인이 될 수도 있습니다. 관심 있는 분야의 전문가가 롤 모델이 될 가능성이 큽니다. 또한 롤 모델은 고정되어 있는 것이 아니라 상황에 따라 바뀌기도 합니다.

진로 더하기 생각

☑ 여러분의 롤 모델은 이미 그 분야에서 성공한 사람입니다. 배울 점이 차고 넘칩니다. 어디서부터 시작해야 할지 모르겠다면 롤 모델을 따라 하는 데서 시작해 보세요. 나의 롤 모델을 찾기 위해 수업 시간에 인물퀴즈를 했습니다. 여러 인물들을 접해 보고 그 인물에 대해 호기심을 가져 보는 시간입니다. 실제로 사진을 보여 주면서 인물퀴즈를 해보았는데요. 재미 삼아 했지만, 자신의 롤 모델을 찾아보는 기회가 되었습니다. 아래의 인물들은 롤 모델로 많이 언급됩니다. 현명하게 시련을 극복하고 자기 분야에 우뚝 섰다는 공통점이 있습니다. 여러분의 롤 모델은 누구인가요?

☐ 버락 오바마	☐ 마리 퀴리	☐ 빌 게이츠
☐ 반기문	☐ 라이트 형제	☐ 마크 저커버그
☐ 에이브러햄 링컨	☐ 토마스 에디슨	☐ 레오나르도 다 빈치
☐ 나폴레옹	☐ 김연아	☐ 찰스 다윈
☐ 하워드 슐츠	☐ 마이클 펠프스	☐ 아이작 뉴턴
☐ 스티브 잡스	☐ 데이비드 베컴	☐ 조앤 롤링
☐ 알베르트 아인슈타인	☐ 오프라 윈프리	☐ 마윈
☐ 리처드 브랜슨	☐ 월트 디즈니	☐ 제프 베이조스
☐ 유재석	☐ 손흥민	☐ 코코 샤넬
☐ 크리스 가드너	☐ 커넬 샌더스	☐ 이국종
☐ 베토벤	☐ 봉준호	☐ 허준
☐ 마더 테레사	☐ 마이클 조던	☐ 로버트 다우니 주니어
☐ 나이팅게일	☐ 오드리 햅번	☐ 윤여정
☐ 일론 머스크	☐ 손정의	☐ 이건희
☐ 성주엉	☐ 스티븐 호킹	☐ 앨런 튜링
☐ 스티븐 스필버그	☐ 세종대왕	☐ 윤동주
☐ 리오넬 메시	☐ 반 고흐	☐ 워런 버핏
☐ 이순신		

☑ 인물퀴즈를 좀 더 변형하여 이런 퀴즈를 내볼까요? 인물 관련 키워드를 제시할 테니 어떤 인물인지 맞혀 보세요.

키워드1	키워드2	키워드3
유대인	난독증	영화감독
흑인	미혼모의 딸	여성 갑부
애니메이터	기업인	백설공주와 일곱 난쟁이
스토리텔링	정부 보조금	여성작가
연설	힐러리 클링턴	조 바이든
아산	거북선 그림	경부고속도로
개그맨	소통의 아이콘	부캐
오마하	맥도날드	기부
혁신가	남아프리카 공화국	독서광
석해균 선장	북한군 총상	닥터 헬기
플란다스의 개	송강호	세계적 거장
벤쿠버	228.56	올림픽 금메달리스트
30	성장호르몬 결핍증	드리블과 패스

키워드4	키워드5	인물명
E.T.	쉰들러 리스트	
토크쇼의 여왕	오프라히즘	
미키 마우스	디즈니랜드	
백만장자	해리포터	
한국 교육 칭찬	미국 최초의 흑인 대통령	
소 떼	현대그룹	
런닝맨	국민MC	
버크셔 해서웨이	투자의 귀재	
화성 이주	테슬라	
중증 외상	골든아워	
아카데미 감독상	기생충	
더블 악셀	피겨 여왕	
아르헨티나	모든 단점은 장점이 될 수 있다	

정답: 스티븐 스필버그, 오프라 윈프리, 월트 디즈니, 조앤 롤링, 버락 오바마, 정주영, 유재석, 워런 버핏, 일론 머스크, 이국종, 봉준호, 김연아, 리오넬 메시

덕후는 '오타쿠'라는 일본말에서 왔습니다. 특정한 분야에 깊은 관심이 있으나 다른 분야의 지식이 부족하고 사교성이 떨어지는 인물을 지칭하지요. 그렇게 부정적이던 덕후에 대한 이미지가 요즘은 긍정적으로 바뀌어 '입덕', '덕업일치', '덕력' 등의 신조어까지 만들어졌습니다. 여러분도 좋아하는 무언가에 관심을 가지고 푹 빠져 보세요. 좋아하는 일을 하다 보면 기회가 찾아온답니다. 자기가 열성적으로 좋아하는 분야의 일을 직업으로 삼는 것을 이른바 '덕업일치'라고 하는데, 덕업일치를 이룬 사람이 가장 행복한 사람 아닐까요?

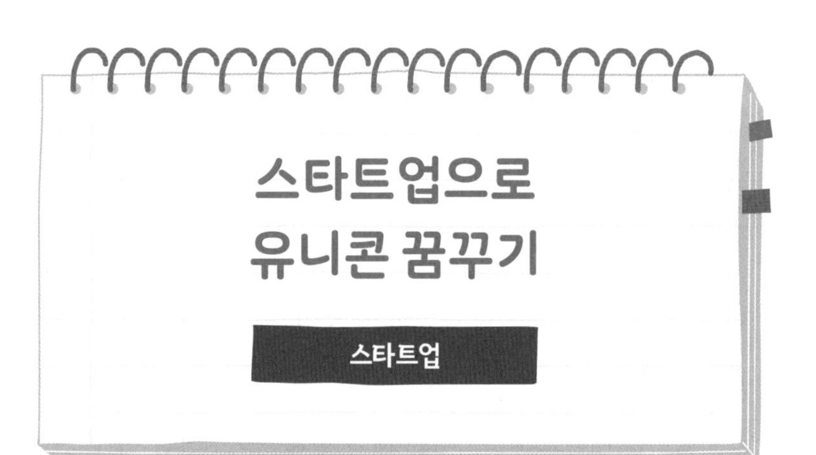

주인공 서달미의 부모님은 경제적인 문제로 갈등하다가 결국 이혼을 합니다. 언니 인재는 엄마와, 동생 달미는 아빠와 함께 살게 되죠. 엄마, 언니랑 헤어져 힘들어하는 달미를 위해 할머니는 친구를 만들어 주고 싶었습니다. 고등학생 한지평에게 달미의 가짜 펜팔이 되어 달라고 하죠. 한지평은 서달미와 펜팔을 하면서 남도산이라는 가짜 이름을 사용합니다. 신문을 보다가 수학 올림피아드 금상을 받은 남도산이라는 초등학생을 보고 즉석에서 지은 이름이죠.

달미의 엄마와 언니는 새아빠와 함께 미국으로 떠나 버리고,

아빠마저 길에서 쓰러져 갑작스럽게 세상을 떠납니다. 그래서일까요? 서달미는 남도산의 편지에 더욱 위로받고 얼굴도 모르는 남도산을 그리워하며 살아갑니다. 한편 남도산이라고 속이고 펜팔 친구가 되어 준 한지평은 자신의 주특기인 투자의 귀재가 되어 럭셔리한 자동차를 타고, 한강이 보이는 아파트에 살고 있습니다.

서달미는 대학교에 진학하는 대신 일찍 사회생활을 시작하여 다양한 경력을 가지고 있고, 외국어 능력도 뛰어납니다. 하지만 고졸이라는 학벌 때문에 정규직이 되지 못하고 계약직으로 일하고 있습니다.

진짜 남도산은 어린 시절 수학 올림피아드 최연소 대상을 수상한 천재 소프트웨어 엔지니어입니다. 이철산과 김용산 또한 소프트웨어 엔지니어이고, 남도산과 같은 뜨개질 동아리 친구지요. 과연 서달미는 남도산 및 그의 친구들과 함께 스타트업에 성공할 수 있을까요?

스타트업에 관해 배워 보자

이 드라마는 각 에피소드의 제목이 스타트업 용어로 되어 있습니다. 1화의 제목은 '스타트업'이고, 혁신적 기술과 아이디어를 보유한 신생 창업 기업이라는 뜻이지요. 제목 자체가 드라마의 시작을 알립니다. 2화는 'FFF Family, Friends, Fools'입니다. 스타트업 시작 단계에서는 가족, 친구, 바보만이 투자를 한다는 뜻입니다. 남도산의 아버지가 삼산텍에 투자를 했으나 어리버리한 남도산과 그 친구들은 제대로 된 실적을 내지 못하죠. 화가 난 아버지가 투자금을 적재적소에 쓰는지 점검하기 위해 불시에 들이닥칩니다. 그러고는 투자금을 회수하겠다고 불호령을 내리죠. AI가 조류독감인 줄 아시는 아버지에게 자신들이 개발하는 AI(인공지능)를 설명하자니 대략난감한 공대 오빠들. 그래서 이미지를 인식하고 음성으로 말해 주는 인공지능의 성능을 직접 보여 주기로 하죠. 컵라면에 갖다 대자 "instant noodle"이라고 말하고, 화장지를 대자 "toilet paper"라고 말하는 인공지능이 너무 신기합니다. 아버지의 마음이 누그러지려는 찰나에 인공지능을 아버지 얼굴에 갖다 대니, 이 눈치 없는 인공지능이 "toilet"이라고 하네요.

이처럼 에피소드의 제목은 흥미로운 스타트업 용어를 알려 줄 뿐만 아니라 드라마 스토리와 스타트업 현실을 이어 주는 연결고리 역할을 합니다. 따라서 드라마 초반에 나오는 에피소드 제목을 유심히 본다면 좀 더 드라마를 즐겁게 시청할 수 있습니다.

3화의 제목은 '엔젤'입니다. 엔젤 투자자를 일컫는데, 이는 스타트업 초기에 자금 지원과 경영 지도를 해 주는 투자자를 뜻합니다. 사업 아이디어와 유망한 기술력은 가지고 있으나 창업 자금이 부족한 기업에 투자하는 사람입니다. 개인이 자신의 돈으로 스타트업 회사에 투자하고 그 회사의 지분을 받지요. 창업자 입장에서는 어려울 때 도와주는 천사와 같은 존재이기 때문에 엔젤 투자자라고 부릅니다. 배우 이제훈의 기사를 읽었습니다. 신선식품 배달 플랫폼으로 시작한 컬리의 초기 투자자였다고 합니다. 지금 컬리는 유니콘으로 폭풍 성장한 기업이지요. 보통 연예인들의 대박 투자로는 강남의 건물을 떠올리는데, 스타트업 투자는 기업의 성장을 돕고 고용을 창출하는 등 사회에 긍정적인 영향을 줄 수 있어 연예인들의 투자가 늘고 있다고 합니다. 참신한 아이디어나 기술력은 있는데 자금이 없어 사업을 시작하지 못하는 사람들을 위해서라도 많은 엔젤이 나왔으면 하는 바람입니다.

창업을 꿈꿔 보는 건 어떨까?

5화 제목은 '해커톤hackathon'으로 해킹hacking과 마라톤marathon의 합성어입니다. 한정된 기간에 참가자들이 팀을 구성해 사업 모델을 완성해 내는 행사지요. 학교나 기업에서 자체적으로 진행하는 해커톤도 있고, 고용노동부에서 주관하는 해커톤도 있습니다. 관심 있는 학생은 경험을 쌓는 기회로 생각하고 도전하면 좋겠습니다. 고용노동부 공식 블로그에 들어갔더니 제2회 K-디지털 트레이닝 해커톤에서 도로정찰대팀이 대상을 수상했다는 소식이 있네요. 또한 교육청 단위로도 해커톤 대회를 열고 있어요. 예를 들면 경상북도 교육청에서는 'SW-AI교육 창의융합 해커톤 대회'를 개최했습니다. 예선에서는 주어진 주제에 적합한 작품 구상 및 계획서를 작성하고, 본선에서는 구상한 작품을 다양한 센서와 보드, 메이킹 도구 및 코딩을 이용해 작품을 완성합니다. 소프트웨어나 인공지능 등에 관심이 많은 학생은 해커톤을 통해 자신의 역량을 발휘해 보는 건 어떨까요?

스타트업보다 넓은 의미로 창업이라는 말도 많이 쓰는데요. 영리를 목적으로 개인이나 법인회사를 만드는 일을 창업이라고 합니다. 한마디로 사업을 새로 시작하는 것이죠. 평생직장 개념이 사라지면서 직장인들도 창업에 관심이 많습니다. 이제는 평생직장이 아니라 창업을 통해 평생직업을 가지려고 하죠. 학교에서도 창업 동아리, 창업캠프, 창업경진대회 등을 통해 청소년들의 창업가 정신을 함양하고자 노력하고 있어요. 저에게 상담하러 오는 학생들 대부분은 진학과 취업 문제로 오는 학생이 대부분이지만, 고등학교 졸업 후에 창업을 해보고 싶다고 찾아오는 학생도 있었습니다.

만약 창업을 한다면 어떤 아이템이 좋을까 학생들에게 물어본 적이 있습니다. 예상대로 치킨과 카페였습니다. 깊은 고민 없이 대답했을 것입니다. 아직 창업이 학생들과 직결된 문제는 아니니까요. '공부도 못하는데 치킨집이나 해 볼까?' 하는 마음으로 창업을 해서는 안 되겠죠?

학생들에게 창업가 정신을 심어 주기 위한 행사, 교육 자료, 관련 사이트는 많습니다. 학교나 교육청 차원에서도 '창업 동아리 경진대회'로 학생들의 관심을 유도하지요. 실제 '창업'을 하기 위한 목적보다는 창업가 정신을 이해하고 중요성을 인식시키려는 목적이 더 강합니다. 또한 창업이란 특별한 소수의 전유물이 아니라 누구나 도전해 볼 수 있는 일이라는 데 초점을 두지요.

여기 좋아하는 일이 창업으로 이어진 10대가 있습니다. 고등학생 때 창업해서 유명해졌지요. 곤충 사료를 만드는 '칠명바이오' 대표가 그 주인공입니다. '곤충 덕후'라 집에서 곤충을 길렀는데, 사료값이 너무 많이 들어 직접 사료를 만들기 시작했다고 합니다. 중학교 1학년 때부터 사료를 연구하고 제조하기 시작했대요. 한 발표회에서 그는 이렇게 말합니다.

"제 친구들은 지금 학교에서 삼성에 입사하는 법을 배우고 있습니다. 하지만 저는 삼성을 만들겠다는 마음가짐으로 배우고 있고, 곤충 시장에서 일본을 넘어 우리의 것을 지키고 대한민국을 발효톱밥의 메카로 만들겠습니다."

고등학생의 말이라고는 믿겨지지 않을 만큼 자신감이 넘쳤어요. 본인이 하고 있는 일에 자부심이 대단해 보입니다. 부모님의 도움 없이 사료 제작에 도전하여 2018년 '도전 K-스타트업'에서 중소벤처기업부 장관상을 수상하고 상금 1억 원으로 창업을 했답니다. 곤충 덕후의 호기심이 결국 일을 냈습니다.

자기 사업을 한다면 그 이유가 분명할수록 성공한다

기가 막힌 창업 아이템이 떠올라 투자자를 찾아 나섭니다. 투자자가 이렇게 묻습니다. “왜 이 아이템으로 사업을 하려고 하나요?”

그러면 뭐라고 대답해야 할까요? 부자가 되기 위해? 취업하기 어려워서? 자유롭고 싶어서?

창업을 하는 이유는 그 무엇보다도 중요합니다. 왜 창업을 했느냐에 따라 길고 어려운 과정을 견딜 수도 있고, 포기하고 다른 곳으로 도망가 버릴 수도 있기 때문입니다.

창업을 하는 이유가 실제 창업을 하는 모든 과정과 전략에 영향을 미칩니다. 빨리 돈을 벌겠다고 생각하면 비용을 절감하고 수익을 올리는 데만 초점이 맞춰져 사업이 오래갈 수 없습니다. 취업이 안 되어 창업을 시작했다면 큰 위험에 도전하기보다는 쉬운 것을 찾게 됩니다. 복잡하고 험난한 사업 과정을 견디지 못하고 포기하기 쉽습니다. 직장 상사에게 간섭받기 싫어 창업을 했다면 사업을 제대로 확장하지 못하거나, 네트워크를 구축하지 못할 수도 있습니다. 창업은 사람 간의 관계가 중요하니까요. 창업의 험난한 길을 견디도록 힘을 주는 것이 바로 창업의 이유입니다.

‘오늘의 집’은 인테리어 플랫폼입니다. 초보자도 쉽게 따라 할 수 있는 셀프 인테리어 노하우부터 홈 스타일링 전문가의 가이

드까지 다양한 인테리어 관련 콘텐츠를 제공합니다. 평소 디자인과 인테리어에 관심이 많았던 이승재 대표는 좋은 공간과 디자인이 사람에게 미치는 영향이 크다고 생각했습니다. 최소한의 비용으로 직접 인테리어를 해보려고 했지만, 막상 하려니 관련 정보가 턱없이 부족했답니다. 직접 해보니 인테리어에 대한 다양한 문제점을 인식하게 되었지요. 우연히 지인의 집을 방문했는데, 집주인의 취향이 고스란히 살아 있는 집을 보고, 누구나 인테리어를 손쉽게 꾸밀 수 있다면 얼마나 좋을까 하는 생각을 떠올렸습니다.

처음 2년은 수입이 없어 잠에서 깨면 일만 하는 생활을 반복했습니다. 당시 수익이 나지 않았는데도 끊임없이 정보를 제공한 이유는 가치 있는 서비스를 제공하면 이용자가 많아질 것을 믿었고, 언젠가는 이윤이 생긴다는 확신이 있었기 때문입니다.

'고피자'는 1인용 피자 프랜차이즈입니다. 임재원 대표가 푸드트럭을 300만 원을 주고 산 게 첫 시작이었고, 국내는 물론 해외 시장까지 겨냥해 '피자계의 맥도날드'가 되겠다는 꿈에 다가가고 있습니다. 고피자의 크기는 딱 1인분이고, 가격도 사이즈가 작은 만큼 저렴합니다. 주머니 사정이 가벼운 학생들에게 인기가 있지요.

2015년 창업을 해야겠다는 생각이 확고해진 계기가 있었답니다. 피자를 시켰는데 가격도 비싸고 너무 커서 혼자 먹기에 부담스러웠다는 것이지요. '피자도 햄버거처럼 빠르고 저렴하게 먹을 수는 없을까'라는 생각으로 창업하게 되었다고 합니다.

자칭 피자 덕후였지만 요리 초보에게는 피자 만들기가 그리 녹록지 않았습니다. 평일에는 회사를 다니고 주말에는 피자집에서 아르바이트를 하며 1인 피자 제조 과정을 고민했습니다. 피자를 햄버거처럼 빨리 만들고 동선을 최대한 효율화하기 위해 인공지능 화덕 '고븐Goven'을 개발했지요. 9개월에 걸쳐 만들었습니다. 일반 화덕은 온도가 높아 사람이 수동으로 피자를 돌려가면서 익혀야 하는데 이를 자동화한 것입니다. 혼자서도 피자를 먹고 싶던 피자 덕후의 꿈은 이렇게 실현되었습니다.

'오늘의 집' 이승재 대표, '고피자' 임재원 대표처럼 확실한 창업의 이유가 있어야 합니다. 사업을 한다는 건 최악의 상황도 고려해야 합니다. 한 번에 성공해서 큰돈을 번다는 보장도 없습니다. 잘된 사람만 쳐다보고 어설프게 따라갔다간 큰코다칠 수 있습니다. 힘든 시기가 왔을 때, 다시 일어날 수 있는 여력을 주는 것이 창업의 이유입니다. 내가 왜 사업을 시작했는지 이유를 다시 돌아봐야 합니다. 단순히 돈을 벌기 위해, 출·퇴근 시간을 자유롭게 조절하기 위해, 상사의 지적질을 피하기 위해 사업을 시작하는 건 힘들게 모아놓은 돈을 들고 불구덩이에 들어가는 것이나 다름없습니다.

‘덕업일치’라는 진로의 길

창업이라고 해서 완전히 새로운 분야, 미개척 시장에서 아이템을 찾을 필요는 없습니다. 10대에 ‘슈퍼잼’을 만들어 20대에 백만장자가 된 프레이저 도허티는 ‘레드오션’에서 시작했습니다. 열네 살 때 할머니에게 잼 만드는 법을 배워 동네 장터에 팔았습니다. 처음에는 반응이 좋았으나 시간이 지날수록 인기가 시들해졌지요. 원인은 설탕 때문이었고, 설탕 없는 잼을 만들기 위해 엄마의 부엌에 처박혀 연구에만 몰두했답니다. 결국 100퍼센트 과일로만 만든 천연 잼을 만들어 냈지요.

어린 나이에도 불구하고 철저하게 시장조사를 했습니다. 대부분의 사람들이 슈퍼마켓에서 잼을 사 먹는다는 사실을 알아냈지요. 과감하게도 영국 전역에 수천 개 매장을 보유한 웨이트로즈를 공략했고, 결국 수백만 통의 잼을 팔게 되었습니다.

프레이저 도허티는 경험하지 않으면 결코 알 수 없는 것이 창업이라며, 다음과 같은 점들을 강조합니다.

첫째, 두려워하지 마라. 많은 사람이 창업을 꿈꾸지만 머릿속에서만 생각하다가 포기한다. 경영 지식 부족은 부끄러워할 필요가 없지만, 용기 부족은 부끄러운 일이다.
둘째, 처음부터 큰 규모로 창업할 필요가 없다. 직장도 그만두고, 집을 팔아 자금을 대면서 창업하지 않아도 된다. 시간을 내어 일단 '시작'하는 것이 핵심이다.
셋째, 무조건 조언을 구해라. 성공한 창업자를 만나서 그들이 겪었던 시행착오와 각종 지식을 들어보라.
넷째, 좋은 제품과 아이디어는 기본이고, 제품을 '좋은 스토리'로 엮어서 알려야 한다. '할머니의 잼 레시피'라는 스토리를 '십 대 소년의 100퍼센트 과일 잼 만들기'라는 스토리와 엮어 성공했다.[1]

한 분야에 열정과 흥미를 가진 덕후들이 성공한 사례는 많습니다. 덕후는 '오타쿠'라는 일본말에서 왔습니다. 특정한 분야에 깊은 관심을 가지고 있으나 다른 분야의 지식이 부족하고 사교

1 매일경제신문 편집국 기업경영팀, '세상이 생각지 못한 아이디어의 탄생', 《매일경제신문사》, 2014.

성이 부족한 인물을 지칭했지만, 부정적이던 덕후에 대한 이미지가 요즘은 긍정적으로 바뀌어 '입덕', '덕업일치', '덕력' 등 신조어까지 만들어졌습니다.

여러분도 각자 좋아하는 분야를 찾아보세요. 무언가에 관심을 가지면 새로운 기회가 다가올지도 모른답니다. 자기가 열성적으로 좋아하는 분야의 일을 직업으로 삼는 것을 이른바 '덕업일치'라고 하는데, 덕업일치를 이룬 사람이 가장 행복한 사람 아닐까요?

요즘은 청소년들도 주식 거래를 많이 하고, 재테크에 관심이 많다는 것을 느낍니다. 가끔 진로 탐색, 기업 검색 등의 이유로 수업 중 휴대폰 사용을 허락하면 본인이 산 주식이 올라서 기분이 좋다고 생글생글 웃는 학생을 보기도 합니다. 예전과 많이 달라진 청소년 문화에 놀라기도 하지만 그들의 관심사와 니즈가 변화하고 있음을 직감할 수 있습니다.

주식 용어 중에 상장이란, 증권시장에 자사의 주식을 매매할 수 있도록 등록하는 것을 말합니다. 상장을 하기 위해서는 한국거래소가 정한 일정 자격요건을 갖춰 심사를 받아야만 상장할 수 있습니다. 그런데 주식시장에 등록되지 않은 비상장 기업 중에는 기업가치가 10억 달러(1조 원) 이상인 기업이 있습니다. 마치 유니콘처럼 현실에서는 있을 수 없는 기업이라는 의미에서 유니콘 기업이라고 부릅니다. 미국 나스닥 상장에 성공한 쿠팡이나 배틀그라운드 게임의 제작사 크래프톤 등은 유니콘에서 상장기업이 되었습니다.

국내 열 번째 유니콘 기업으로 선정된 무신사는 '무진장 신발 사진 많은 곳'이라는 뜻으로, 2001년 당시 고등학생이었던 조만호 대표가 프리챌 커뮤니티에 자신의 신발 사진들을 공유하면서 시작되었다고 합니다. 패션 마니아인 창업자의 마인드에 맞게 철저히 젊은이들을 위한 패션 아이템으로 구성되어 있습니다. 현재는 온라인 커뮤니티와 라이브커머스로 패션 아이템을 사고파는 것이 일상화되어 있는데요. 이런 트렌드를 남들보다 먼저 선점한 것이 무신사의 성공 요인이지 않을까 싶습니다.

어떤 분야에서 내가 이루고자 하는 것이 있다면 그 분야에서 성공한 사람들을 본받아야겠죠. 부자가 되고 싶다면 부자들이 어떻게 성공했고, 어떤 시행착오를 겪었는지 알아야만 부자가 될 가능성이 큽니다.

마이크로소프트 창업자 빌 게이츠는 이런 얘기를 했습니다.

> "젊어서 가난은 내 잘못이 아니지만 나이 들어 가난한 것은 나의 잘못이다."

발표 수행평가는 창업을 위한 준비다

엘리베이터 스피치(또는 피치)Elevator Speech/Pitch란 헐리우드 영화감독들 사이에서 비롯된 용어로, 무명 시나리오 작가가 영화감독을 만나기 위해 기다리다가 감독이 엘리베이터를 타고 내릴 때까지 그 짧은 시간 안에 시나리오를 소개하는 데서 유래되었습니다. 즉, 설득할 누군가를 엘리베이터에서 만났을 때처럼 짧은 시간 안에 그 사람의 마음을 돌리는 인상적이고 강력한 말을 뜻합니다. 이 말을 바꿔 말하면 누군가의 마음을 돌릴 때는 긴 시간이 필요치 않다는 것이죠.

극중 서달미는 도도한 디자이너 정사하를 영입하기 위해 무릎을 꿇어 현장을 술렁이게 만듭니다. 무릎 꿇고 애걸복걸하는 것이 아니라 당당히 무릎 꿇고 강력하게 한마디 합니다.

서달미: 경력 보고 찾아왔고, 대표 자리 날로 먹을 생각 1도 없어요. 딱 디자인만 잡아 줘요.

정사하: 없어 보이게 뭐니? 사람들이 너 우습게 봐.

서달미: 사람들은 내 무릎이 쉽다기보다 그쪽이 대단하다고 생각할걸요. 그게 그쪽한테 더 좋은 결론이 아닌가? 시간이 있을 때 결정해요.

임박해서 결정하면 떨이처럼 보여요.

정사하는 서달미의 눈에서 간절함을 보았고, 결국 삼산텍에 합류하지요.

미국 문학사에 한 획을 그은 소설가 마크 트웨인은 한 목사님의 설교에 감동을 받아 헌금을 낼 준비를 하고 있었다고 합니다. 하지만 설교가 점점 길어지자 지루함을 느끼고 결국 화를 내며 헌금 바구니에서 2달러를 꺼내 갔다는 일화가 있습니다. 그는 "간결함이 힘이다. 설교가 20분을 넘어가면 죄인도 구원받기를 포기해 버린다."라고 했습니다. 인간의 기억력은 생각보다 뛰어나지 못합니다. 상대방을 설득할 때는 기억할 수 있는 핵심 문장 하나면 충분합니다.

학교에서 수행평가의 비율이 점점 늘어가고 과목별로 방식도 다양해서 수행평가 시즌은 학생들에게 지옥이나 다름없습니다. 정기고사 기간 외에는 수행평가에 빠져 허우적댑니다. 그중에서도 발표 수행평가는 고역입니다. 평소에는 청산유수로 떠드는 녀석이 발표만 하면 긴장해서 실력을 발휘하지 못하는 경우도 있고, 목소리가 너무 작아서 하고 싶은 말을 전달하지 못하는 학생도 있지요.

발표가 힘들어 고민하는 학생이 있다면 서달미의 3분 피칭 영상을 여러 번 돌려보세요. 여기서 피칭pitching이란 사업가가 자신의 제품과 서비스를 투자자에게 전하는 스피치를 말합니다. 삼산텍은 필적 위조 감별 프로그램을 성공적으로 개발했고, 서달미는 삼산텍의 CEO로 회사를 대표하여 회사 제품에 대한 피칭을 하게 됩니다.

주어진 시간은 3분이며, 인사를 하자마자 전자시계의 빨간 숫자는 3분을 향해 나아갑니다. 단 1초도 쓸데없는 데 낭비되어서는 안 됩니다. 스타트업 관계자들은 걱정 반, 기대 반으로 서달미를 유심히 지켜봅니다. 이 상황에서 긴장하지 않을 사람이 과연 몇 명이나 될까요?

서달미는 모두의 우려를 뒤로하고 피칭의 교과서가 될 만큼 완벽하게 해냅니다. 스티브 잡스의 뒤를 잇는다 해도 과언이 아닐 정도예요. 그녀의 피칭을 여러 번 반복해서 분석해 보면 완성도 높은 발표를 하기 위한 조건을 도출해 낼 수 있습니다. 서달미의 피칭을 분석해 보면 4가지 과정이 나와 있어요.

1단계는 자기소개입니다. "안녕하십니까? AI로 세상을 혁신하는 삼산텍 대표 서달미입니다." 그냥 본인 이름만 이야기하는 것이 아니라 앞에 'AI로 세상을 혁신하는'이 붙습니다. 여러분도 자기소개할 때 자신을 수식할 수 있는 무언가를 만들 수 있다면 좋겠지요. 예를 들어 볼게요.

“말보다 행동이 앞서는 불도저 같은 남자, ○○○입니다.”

“○○고등학교 문제해결사, ○○○입니다.”

“○○중학교에서 가장 영향력 있는 학생, ○○○입니다.” 등은 어떨까요?

2단계는 관심 유도입니다. 서달미는 청중에게 “일란성 쌍둥이는 글씨체도 똑같을까요?”라고 먼저 질문을 던지죠. 이 질문을 들은 청중은 고민하기 시작합니다. 일란성 쌍둥이는 생김새나 성격이 비슷하다고 알려져 있으므로 글씨체가 비슷할 거라 여기지요. 서달미는 청중의 일반적인 생각을 뒤집으며 일란성 쌍둥이도 글씨체가 다름을 알려줍니다. 필적이 같은 사람은 없으며, 각종 기관에서 본인 확인의 수단으로 사용한다는 점을 강조하기 위해 일란성 쌍둥이 질문을 한 것입니다.

3단계는 문제 제기입니다. 필적 위조 감별 프로그램의 성능, 정확도를 내세우기 전에 해결해야 할 문제를 제시합니다.

“하지만 싸인이나 필적은 위조가 쉽다는 단점이 있죠. 위조의 비율은 8퍼센트에 달하지만, 전문 감정사는 턱없이 부족합니다.”

4단계는 해결 방안입니다. 정확도 99.8%의 삼산텍 필적 위조 감정 프로그램이 위조 문제를 해결할 수 있다고 역설하며 결말을 맺습니다.

서달미의 피칭은 내용뿐만 아니라 발표 자세에서도 배울 점이 많습니다.

- **표정:** 긴장했더라도 긴장한 티를 내지 않고, 자신감 있는 표정을 짓습니다.

- 발표 전에 심호흡하는 것도 도움이 됩니다.

- 대답하는 청중이 있으면 관심 있게 바라봐 줍니다.

- **몸짓:** 같은 자세로 한 자리에 서 있지 않고, 손을 잘 활용합니다.
- **발음과 어조:** 말을 빨리하지 않고, 강조하는 말에는 더욱 힘을 주어 말합니다.

학교에서 발표 수업을 하면 친구들이 듣거나 말거나 본인 하고 싶은 말만 빨리하고 후다닥 자기 자리에 앉는 학생이 있습니다. 듣는 친구들은 "선생님, 걔는 무슨 말을 하고 싶은 건지 하나도 못 알아듣겠어요."라며 불평을 합니다. 발표의 자신감도 높여 주고 친구들에게 인정받기 위해 발음 연습은 어떻게 하면 좋을까요?

처음 연습 단계에서는 한 글자씩 천천히 말해 보는 게 좋아요. 특히 모음에 신경 써서 말하면 발음이 더욱 좋아진다고 합니다. 모음 'ㅏ, ㅑ, ㅓ, ㅕ, ㅗ, ㅛ, ㅜ, ㅠ, ㅡ, ㅣ' 연습에 집중해 보세요.

학교에서 수행평가로 친구들 앞에서 발표할 때, 또는 회의 중 단 몇 명의 사람들에게 이야기할 때도 속으로 떨고 있는 사람들이 생각보다 많습니다. 서달미의 3분 피칭을 보고 반복해서 연습한다면 불치병 같은 무대공포증도 극복할 수 있을 것입니다.

어떻게 하면 상대를 설득할 수 있을까?

'난 말주변이 좋으니 내 말 한마디면 모두 오케이할 거야.'는 큰 착각입니다. 다들 그리 호락호락한 상대가 아닙니다. 일상생활 전반에 걸쳐 설득의 기술이 필요합니다. 예를 들어 엄마에게 신상 패딩을 사 달라고 할 때, 용돈을 올려 달라고 할 때, 조별 프로젝트 주제를 정할 때, 수학 선생님께 10분만 쉬고 수업하자고 할 때, 한국사 선생님께 시험 범위를 줄여 달라고 할 때, 영어 선생님께 단어시험을 다음 날로 미뤄달라고 할 때, 형과 치킨 취향이 다른데 오늘은 꼭 내 취향대로 먹고 싶을 때 등 다양합니다.

누군가를 설득해야 하는 상황에 부닥쳤을 때 어떻게 하면 상대의 마음을 움직일 수 있을까요?

1. 목소리 톤을 높이지 마라

"짐이 곧 국가다." 절대 권력을 휘둘렀던 루이 14세처럼 여러분도 "내가 곧 정답이다."라는 투로 말하면 상대방이 순순히 내 쪽으로 넘어올까요? 강압적인 말투는 오히려 독이 됩니다. 목소리 톤을 높이거나 상대를 위협해서는 설득할 수 없습니다. 설득의 핵심은 뭐니 뭐니 해도 상대의 마음을 얻는 것입니다. 상대의 마음을 얻기 위해서는 말을 잘해야 한다고 생각하기 쉽습니다. 말을 잘하면 왠지 이길 것 같고, 자기 의견을 밀어붙일 수 있을 것 같습니다. 하지만 설득은 말싸움이 아닙니다.

2. 경청으로 상대방의 호감을 사라

내가 바라는 만큼 상대방도 원하는 것이 있습니다. 따라서 설득을 하려면 상대의 말을 들어주는 것이 먼저입니다. 누구나 주도적으로 말하고 싶은 욕구가 있지요. 자기 발언권을 빼앗는 사람을 좋아할 수는 없습니다. 경청하는 자세는 상대방의 마음을 열고, 내 설득에 힘을 실어 주게 됩니다. 역설적으로 설득은 말하는 것보다 듣는 게 더 효과적입니다. 상대의 말을 들어야만 상대를 정확히 파악할 수 있고, 상대는 존중받고 있다는 느낌을 받습니다. 경청을 통해 미리 호감을 산다면 설득의 상황에서 말을 시작하기가 쉬워집니다.

3. 조급함을 버려라

단번에 설득하겠다고 생각하지 마세요. 사람의 마음은 쉽게 움직이지 않습니다. '이쯤 하면 넘어오겠지.'라는 자만심은 상황을 악화시킵니다. 한 번에 원하는 결과를 만들려다가 무리한 상황이 생길 수도 있습니다. 문충태의 저서 『어떻게 말해야 설득할 수 있을까?』에서는 설득의 단계를 소개합니다. 최면 테크닉을 응용한 공감 설득이라고 부르는데요. 다짜고짜 상대방을 설득하려고 덤비는 것이 아니라 3단계 프로세스로 접근해야 효과적이라고 합니다.

1단계: 상대방의 관심을 잡아라(3초 전략)

상대방은 내가 하려는 말에 관심이 없습니다. 그런 사람에게 '어?' 하고 관심을 갖게 하는 것입니다. 호기심을 자극하는 한마디를 툭 하고 던집니다. 상식을 살짝 비틀면 '어?' 하는 반응이 나옵니다. 대박난 광고의 비결이기도 합니다.

㉨ 치킨은 살 안 쪄요. 살은 내가 쪄요. –배달의 민족

침대는 가구가 아닙니다. 과학입니다. -에이스 침대

2단계: 상대방의 관심을 극대화하라(30초 전략)

상대방의 관심을 유도했어도 곧바로 본론으로 들어가지 않습니다. 상대방의 관심을 극대화해서 그 해결 방법에 궁금증을 갖게 합니다.

㉎ 스토리로 연결해서 상대방의 마음속에 오래 남기기

가치를 부여해 꺼져가는 관심 되살리기

3단계: 상대방이 궁금해하는 해법을 제시하라(30분 전략)

상대방은 관심이 극대화되면 자연스럽게 해결 방법을 찾고자 합니다. 이때 해결해야 할 문제에 대해 구체적으로 설명합니다.

㉎ 상대방에게 꼭 필요한 것을 3가지로 압축해서 설명하기

무엇부터 말할지 우선순위 정하기

진로 더하기 생각

☑ 여러분은 라이브커머스의 쇼호스트입니다. 물건에 대해 설명할 시간은 단 1분입니다. 팔고 싶은 물건은 무엇인가요? 그리고 그 물건에 대해 어떻게 설명할 건가요?

☑ 엘리베이터에서 우연히 투자자를 만났습니다. 이 투자자는 엘리베이터 문이 열리면 나갈 것입니다. 남은 시간은 겨우 60초. 자신을 표현하는 핵심 키워드를 포함하여 60초간 나를 소개할 수 있는 문장을 적어보세요.

☑ 국·내외 유니콘 기업을 알아보고, 어떤 창의적인 발상으로 성공했는지 조사해 봅시다.

☑ 좋아하는 일을 직업으로 연결시켜 성공한 인물은 손에 꼽을 수 없이 많습니다. 자신이 좋아하는 일과 관련 지어 덕업일치로 성공한 인물을 탐색해 보고 어떤 과정으로 그 자리까지 가게 되었는지 인물의 스토리를 적어 보세요.

미국에선 전체의 80퍼센트인 40개 주에서 창업가 정신을 정규교육으로 가르치고 있습니다. 유럽도 초등학교 때부터 학교에서 창업가 정신을 가르치고 있답니다. 이렇게 세계 각국에서 창업가 정신을 주목하는 이유는 지속적인 경제 발전을 이룰 수 있는 힘이기 때문입니다.

창업가 정신을 배워 인생을 리셋하라

재벌집 막내아들

윤현우는 고졸이라는 이유로 능력을 인정받지 못합니다. 변기를 고쳐 달라는 사모님 호출에 컵라면도 못 먹고 뛰어나가고, 난동을 부리는 부회장을 진정시키다가 골프채에 얼굴을 다치기도 합니다. 그렇게 순양그룹에 몸 바쳐 일하던 윤현우는 자금 횡령 누명을 쓴 채 죽임을 당하고, 시간을 거슬러 과거로 돌아가 순양그룹 진양철의 막내 손자 진도준으로 환생하지요.

윤현우의 모든 기억을 간직한 채 순양의 가족이 된 진도준은 자신을 죽인 인물을 향해 복수의 칼날을 갑니다. 과거로 돌아간 진도준은 역사적 사건들을 미리 예측할 수 있습니다. 자기가 알고 있는 미래 정보를 이용해 순양에 기여하면서 회장 진양철 할아버지의 관심을 받기 시작합니다.

할아버지에게 분당 땅 5만 평을 용돈으로 받아 20대 초반에 240억 원대 자산가가 되고, 인터넷 서점으로 출발한 미국 업체에 과감하게 배팅해서 900퍼센트 수익률을 올립니다. 국제통화기금IMF 외환위기에 대비해 전 재산을 달러로 바꿔 환율이 오르자 돈을 쓸어 담지요. 이처럼 허구적인 판타지에 실제 일어난 사건을 넣어 몰입감을 높였습니다. 드라마의 영향으로 등장인물의 모티브가 된 모 재벌 총수의 자서전 판매가 급증할 정도로 화제가 되기도 했습니다.

행복한 진로를 위해서는 실행력이 필요하다

윤현우는 순양그룹의 비자금 관련 업무를 맡자 출세의 기회가 왔다고 생각했습니다. 진영준 부회장의 버리는 카드로 쓰이는 줄도 모르고 말이죠. 호숫가에서 경호실 직원에게 살해당한 후 진양철 회장의 막내 손자인 열 살 진도준으로 다시 살아납니다.

열 살 진도준은 윤현우의 기억을 그대로 가지고 있습니다. 미리 알면 돈이 되는 역사적 지식까지 포함해서요. 진도준은 역사적 정보를 바탕으로 순양을 삼키기 위해 불도저처럼 밀고 나갑니다.

미래를 알면 누구나 쉽게 부자가 될 거라 상상하겠지만, 금융 지식과 실행력이 없다면 환생해도 절대 이룰 수 없습니다. 재벌가의 손자로 환생해 일생일대의 기회를 잡았다고 해서 모두 진도준처럼 행동으로 옮기지는 않습니다. 그냥 물려받은 재산으로 호의호식하면서 살겠지요. 가만히 있으면 중간은 가니까요. 그런 면에서 진도준은 불도저 같은 실행력의 소유자라고 봐도 무방할 것 같습니다.

진양철 회장과 손자 진도준, 그리고 한국 현대사에 큰 족적을 남긴 기업인들은 높은 싱크로율을 자랑합니다. 외모가 닮았다는 것은 아니고요. 결정을 내리는 데 주저함이 없고, 타이밍을 놓치지 않습니다. 무엇보다 생각한 후 바로 행동에 옮기는 것이죠.

"우물쭈물하다 내 이럴 줄 알았지."

이것은 아일랜드 출신 극작가이자 비평가 조지 버나드 쇼의 묘비명입니다. 그의 작품보다 묘비명이 더 유명해 그가 정말 우물쭈물 살았다고 오해할지도 모르겠습니다만, 그의 청년기는 실패와 좌절의 연속이었습니다. 직접 쓴 소설을 출판사에 들고 가면 거절당하기 일쑤였지요. 소설로는 인정받지 못했지만, 비평가로서는 그 탁월함을 인정받으면서 뒤늦게 명성을 얻기 시작했습니다. 신문에 비평글을 연재하면서도 꾸준히 희곡 작품을 썼는데, 「무기와 인간」이 성공하면서 극작가로도 성공하게 됩니다. 60대 후반에 발표한 작품으로 노벨 문학상을 받기도 합니다. 94세까지 장수를 누리며 후회 없는 인생을 살았을 것 같은 그가 묘비명으로 독설을 날리는군요.

학교에서 창업가 정신을 배우는 미국

미국에선 전체의 80퍼센트인 40개 주에서 창업가 정신을 정규교육으로 가르치고 있습니다. 유럽도 초등학교 때부터 학교에서 창업가 정신을 가르치고 있답니다. 이렇게 세계 각국에서 창업가 정신을 주목하는 이유는 지속적인 경제 발전을 이룰 수 있는 힘이기 때문입니다.

학자들은 창업가 정신을 어떻게 정의했을까요?

- '새로운 사업에서 생길 수 있는 위험을 감수하고 어려운 환경을 헤치며

기업을 키우려는 뚜렷한 의지' -조지프 슘페터

- '위험을 무릅쓰고 포착한 기회를 사업화하려는 모험과 도전의 정신'

-피터 드러커

학자마다 창업가 정신을 다양하게 해석하지만, 공통적으로 강조하는 내용이 있습니다.

- 자기주도형 삶의 자세
- 기회의 발견과 포착
- 불확실성의 존재와 한정된 자원 기반의 혁신적 도전
- 위험의 체계적 관리
- 창업과 사업화 역량
- 조직과 기업의 경영 역량
- 공유 가치 창출CSV, creating shared values

"그기(그게) 돈이 됩니까? 순양에 도움이 됩니까?"

"내한테는 돈이 정도正道다."

"국내 1위? 니 어디 전국 체전 나가나?"

모두 드라마 속 진양철 회장의 어록입니다. 경영 성과를 이야기하는 자리에서 국내 1위라고 자랑하는 아들에게 '전국 체전하냐'며 해외 진출의 야망을 드러내지요. 아무도 쳐다보지 않던 반도체에 공격적인 투자를 하는 등 미래 산업을 꿰뚫는 선구안까지 가지고 있습니다.

기대에 못 미치는 맏아들에게 장자 승계 원칙이 없다며, 누구든지 능력 있는 자가 순양을 물려받을 것이라고 못 박아 버립니다. 진양철 회장이 가장 사랑한 자식 0순위는 맏아들도, 능력 있는 막내 손자도 아닌 바로 순양그룹이니까요.

레전드에게 배우는 창업가 정신

기업인의 성공 비결을 다루다 보면 그들의 장점만 강조하는 우를 범할 수도 있습니다. 그럼에도 불구하고 그들의 성공 스토리에 주목하는 이유는 기업을 살리고 성장시키기 위한 고민과 결단, 치열한 삶에서 체득한 통찰력을 공유할 수 있기 때문입니다. 따라서 성공한 기업인이 강조했던 말들을 곱씹다 보면 창업가 정신을 느낄 수 있습니다. 기업인들의 말과 경험을 보면서 우리 내면에 숨겨진 창업가 정신을 한껏 끌어올려 보면 어떨까요?

"내가 장거리 달리기를 잘하는 것은 체격 조건이 좋아서가 아니라, 남이 넘보지 못할 '투지'와 '확신'이 있기 때문이다. 모든 걸 걸고 뛰는 것이다. 다음으로 중요한 건 '실패'를 대하는 태도다. 성공하려면 먼저 실패해야 한다. 직원들에게 실패를 두려워하지 않는 마음을 심어 주는 게 가장 중요하다."

다이슨Dyson을 창업한 제임스 다이슨은 영국의 스티브 잡스라고 불리는 인물입니다. 다이슨은 세계 최초로 먼지봉투가 필요 없는 진공청소기를 개발한 가전제품 기업이지요. 날개 없는 선풍기, 고가의 드라이기 등 전체적으로 가전제품의 상식을 깨는 특이한 콘셉트와 디자인 제품을 개발합니다.

지금은 연 매출이 수조 원에 달하는 세계적인 기업이지만 다이슨의 시작은 말 그대로 보잘것없었습니다. 다이슨은 진공청소기 성능이 떨어지는 이유가 먼지봉투 때문이라는 사실을 발견했습니다. 먼지봉투가 내장된 청소기를 100년 넘게 써 온 사실을 발견하고, 먼지봉투 없는 청소기 개발에 전념했습니다. 자본금이 없어 집을 담보로 잡히고, 생활비는 미술교사였던 아내가 책임졌습니다. 꼬박 5년간 5,000개가 넘는 실패작을 만들어 낸 후에야 비로소 진공청소기를 완성할 수 있었습니다.

원하던 제품을 개발했지만 시장 반응은 냉담했습니다. 먼지봉투를 팔아 이익을 남겨 왔던 유통업체들은 말할 것도 없고, 제품의 대량생산을 맡길 공장도 그에게서 등을 돌렸지요. 어쩔 수 없이 일본에서 카탈로그 판매로 활로를 찾았습니다. 그렇게 약 10년간 고생한 끝에 1993년 영국에 자체 공장과 연구실을 갖춘 기업을 설립할 수 있었습니다.

먼지봉투 없는 청소기를 성공시킨 뒤에도 그는 세상에 없는 가전을 창조하는 데 몰두했습니다. 마케팅이나 영업보다는 연구개발에 모든 역량을 쏟아부었습니다. 개발에 집중하고 마케팅과 영업에는 소홀하다 보니 초기에는 적자를 볼 수밖에 없었지만, 신제품 창조로 승부하는 원칙을 포기하지 않았습니다. 신개념 청소기에 이어 날개 없는 선풍기와 초음속 헤어드라이어 등 고정관념을 깨는 혁신 제품이 나오면서 고가 전략은 성공을 거두었습니다.

다이슨의 성공 비결은 기술에 대한 전폭적인 투자와 독창적인 디자인이었습니다. 그런데 이것 말고도 목표를 이룰 때까지 끊임없이 도전하는 집념과 용기가 성공으로 이끈 동력은 아니었을까요? 두려워하지 않고 무모해 보이는 그의 도전은 여전히 진행 중입니다. 현재 70세를 넘긴 나이에도 제임스 다이슨은 여전히 신제품 개발에 참여하는 열정을 보이고 있습니다. 두려움 없이 혁신을 찾아 도전하는 일을 멈추지 않습니다.

"주머니에 달랑 10달러만 넣고 히치하이킹으로 아프리카를 횡단했는데, 무엇인들 못 하겠는가? 어떤 창업도 내게는 큰 도전이 아니다."

세계 최대 유료 동영상 서비스, 넷플릭스의 창업주로 알려진 리드 헤이스팅스에게 사업을 하는 이유를 물었을 때 그가 한 대답입니다. 그는 도전을 통해 창업가 정신을 키웠습니다. 해병대에 자진 입대했고, 평화봉사단으로 아프리카에 있으면서 3년간 고등학생에게 수학을 가르쳤지요. 몇 푼 안 되는 돈으로 아프리카를 횡단한 리드 헤이스팅스는 두려울 것이 없었습니다.

넷플릭스는 전 세계 가입자 수가 2억 명을 넘었고, 덩달아 한국의 콘텐츠도 쑥쑥 성장하고 있다는 신문기사를 접하기도 했는데요. 이 거대한 콘텐츠 공룡의 시작은 어디서부터였을까요?

리드 헤이스팅스가 젊었던 시절에는 대여료를 내고 비디오를 빌렸다가 일정 기간 안에 반납하는 비디오 대여점이 많았습니다. 기간을 넘기면 연체료를 냈습니다. 헤이스팅스는 대여 기간을 넘겨 연체료를 40달러나 냈습니다. 불만이 많았던 그는 불편함을 개선하는 사업을 하기로 마음먹고 1997년 넷플릭스 회사를 설립했습니다.

당시 넷플릭스는 DVD 대여 사업을 했는데, 과거에 불만이 있었던 연체료에 대한 부분을 고민하게 되고, 결국 파격적으로 연체료를 없애 버리지요. 대신 한 달에 구독료 20달러를 받고 한 번에 DVD 세 개까지 빌릴 수 있게 했습니다. 고객들의 불편을 개선한 결과, 넷플릭스는 무서운 속도로 성장했습니다.

넷플릭스는 끊임없이 파격적인 결단을 내리며 수익원을 변화시키는데요. 당시 스트리밍 서비스를 TV와 연결하는 법도 모르는 사람들이 대부분이었지만, 잘나가던 DVD 대여 서비스 사업을 분리한 후 바로 스트리밍 사업에 뛰어듭니다. 편리하고 저렴한 월 정액제로 다양한 콘텐츠를 광고 없이 무제한으로 볼 수 있다는 점에서 시청자로부터 긍정적인 반응을 얻어 지금의 넷플릭스가 됐습니다.

맨땅에서 기업을 일군 경영자들의 말에는 도전과 혁신, 그리고 열정이 오롯이 새겨져 있습니다. 다음은 나의 취향을 저격하는 기업인의 말이 있는지 살펴보고 가슴속 열정에 불을 당겨 보기를 바랍니다.

• 이봐, 해보기나 했어?

-현대, 정주영

• 국제화 시대에 변하지 않으면 영원히 2류나 2.5류가 될 것입니다. 지금 처럼 잘해 봐야 1.5류입니다. 마누라와 자식 빼고 다 바꿉시다.

-삼성, 이건희

• 사람은 책을 만들고 책은 사람을 만든다.

-교보생명, 신용호

• 실패를 두려워하지 말고, 아무것도 하지 않는 걸 두려워하라.

-혼다, 혼다 소이치로

• 제너럴 일렉트릭은 100년 전에 전구를 만들었다. 그들의 사명은 '세상을 밝게 만드는 것'이었다. 이것이 GE를 전 세계 최대의 전기회사로 만들었다. 디즈니랜드의 사명은 모든 사람을 즐겁게 만드는 것이었다. 이러한 사명을 지닌 디즈니는 언제나 즐거운 영화를 만든다. 알리바바의 사명은 세상에서 어렵게 거래하는 사람이 없도록 하는 것이다.

-알리바바, 마윈

• 습관의 사슬은 너무 가벼워 깨지기 전까지는 느껴지지 않는다.

-버크셔 해서웨이, 워런 버핏

진로 더하기 생각

☑ 세상을 바꾼 기업가들이 많습니다. 창업가 정신을 바탕으로 한 그들의 성공 사례를 조사해 보고, 친구들과 공유해 보세요. 그들의 어떤 점이 나의 취향을 저격했는지, 전율을 일으키는 어록이 있으면 함께 적어 보세요.

기업가 이름	
성공 사례	
기업가의 말	
배우고 싶은 창업가 정신	

☑ YEEP Youth Entrepreneurship Experience Program이라는 사이트를 들어 본 적 있나요? 청소년들이 창업 체험을 할 수 있도록 교육부에서 만든 플랫폼이에요. 창업가 정신을 함양하기 위해 수업 프로그램도 제공하고, 학생 창업 동아리도 지원하고 있습니다. YEEP에 들어가서 '청소년 창업가 정신 핵심 역량 진단'을 해보세요. 창업가 정신 핵심 역량 진단 결과표에서 각자 가지고 있는 4가지 역량군(가치 창출, 도전, 자기 주도, 집단 창의)에 대해 종합적으로 설명해 줍니다. 나아가 추천 창업가의 명언으로 여러분에게 응원의 메시지도 줍니다. '청소년 창업가 정신 핵심 역량 진단'을 완료한 후에 그 결과를 작성해 보세요.

핵심 역량 진단 결과표 작성

내용	결과
상대적으로 높은 수준의 역량	
상대적으로 낮은 수준의 역량	
추천 기업가의 명언	
창업가 정신 역량을 높이기 위한 활동	

진로는 즐거운 예능이다

"꿈꾸는 대로 살게 된다."라고 하면
꿈꾼다고 다 되는 건 아니라며
항변할지도 모르겠습니다. 그런데
꿈조차 꾸지 않는다면 어떻게 꿈을
이룰 수 있을까요? 100퍼센트 완벽하게
목표를 달성할 수는 없지만, 원하는
방향으로 흘러갈 수는 있습니다.
우리의 시간과 에너지는 한정되어
있기 때문에 꿈꾸는 대로 행동하기
때문이지요.

적응력을 키우면 기회가 온다

태어난 김에 세계일주

누군가가 얘기하더군요. 여행은 '여기서 행복할 것'의 줄임말이라고요. 학생들의 표정을 보면 알 수 있습니다. 현장 체험 학습을 떠나기 1주일 전부터 설렘으로 가득 차 있습니다. 따지고 보면 여행은 '여기서만 행복'한 것이 아니라 떠나고자 마음먹은 날부터 행복해집니다.

여행에 대한 사람들의 열망을 반영하듯 여행 프로그램이 홍수처럼 쏟아집니다. 그래서인지 연예인들의 맛집 투어와 이색적인 해외 풍경도 재미가 덜합니다. 검색만 하면 누구나 찾을 수 있기 때문입니다. 서서히 여행 예능에서 흥미를 잃어갈 때쯤, 진부한 것을 모두 뒤집는 신개념 여행기가 등장합니다.

'태어난 김에 사는 남자'로 불리는 기안84는 버킷리스트를 실현하기 위해 여행을 떠납니다. 하룻밤만 숙박해도 캐리어 하나씩은 끌고 가기 마련인데, 기안84는 크로스백 하나에 짐을 대충 넣습니다. 심지어 빨래하려고 세탁기 안에 넣어 둔 옷을 가지고 가지요. 이상하다기보다는 특별하게 느껴졌습니다. 그의 특별한 여행 스타일이 시청자의 눈에 콩깍지를 씌웠나 봅니다.

시즌2는 인도의 상징인 갠지스강에서 출발합니다. 한쪽에서는 빨래를 하고, 다른 쪽에서는 죽은 사람을 화장합니다. 기안84는 삶과 죽음이 공존한다는 갠지스강에서 편견 없이 현지인들과 친해지는 모습을 보여 줍니다. 손바닥에 밥풀을 묻혀 가며 카레밥을 먹는 건 놀랄 일도 아닙니다. 말도 안 되는 호객 행위에도 자발적인 호구가 되었고, 갠지스강에서 현지인과 수영 대결을 하고, 심지어 강물을 마시기도 합니다. 우리나라에서는 말도 안 되는 행동이지만 그 나라 문화라며 아무렇지 않게 수용합니다. 흥미로운 에피소드들은 기안84여서 가능했고, 여행 예능의 새로운 장르를 열었습니다.

젊은 날 인도를 다녀와 삶이 달라졌다고 고백하는 사람들을 심심찮게 볼 수 있습니다. 정신의 자유를 찾아 떠난 스티브 잡스에게 깨달음을 주고, 창작의 고통을 겪던 비틀스에게 음악적 영감을 준 곳도 바로 인도였습니다.

〈태어난 김에 세계일주〉는 제작진의 돌봄이나 간섭 없이 멤버들이 가고 싶은 곳을 여행합니다. '배낭여행의 끝판왕'으로 다큐인지 예능인지 모를 만큼 인도를 생생하게 보여 줍니다. 우연의 연속으로 채워지는 극사실주의적인 예능을 통해 우리는 어떤 배움을 얻을 수 있을까요?

"여행의 참된 가치는 새로운 풍경을 발견하는 것이 아니라 새로운 시각을 발견하는 데 있다."라고 한 마르셀 프루스트의 말처럼 태어난 김에 여행하는 이들의 여정을 따라가면서 새로운 시각을 발견할 수 있습니다.

진로 로드맵에는 적응력이 중요하다

사막여우와 북극여우는 생김새가 확연히 다릅니다. 같은 여우인데도 말이지요. 더운 지역의 사막여우는 열을 방출하기 위해 큰 귀를 가지고 있고, 북극여우는 열의 방출을 줄이기 위해 귀가 작아졌습니다. 모래에 숨어서 사냥을 하는 사막여우는 털 색깔도 모래색이고, 북극여우의 털은 하얗습니다. 주변 환경에 적응한 대표적인 사례입니다. 일정한 조건이나 환경 따위에 맞춰 살아가는 능력인 '적응력'이 높은 생물만이 살아남았지요.

인간도 환경에 따라 적응해 왔습니다. 적응의 동물입니다. '강한 사람이 살아남는 게 아니라 적응하는 사람이 살아남는다'는 말까지 있을 정도니까요.

인간은 동물보다 높은 적응력을 필요로 합니다. 동물은 기후 변화나 먹이사슬 내 포식자로부터 생존하기 위해 적응력을 키웠다면 인간의 적응력은 다소 복잡합니다. 인간은 사회적 동물이라 다양한 집단에 소속되어 있고, 공간을 이동하며 지냅니다. 집에만 있지 않습니다. 학생이라면 학교에 가야 하고, 직장인은 회사로 출근을 해야 합니다. 각 집단에서 생존해야 합니다. 거기다가 세상은 시속 300킬로미터 이상의 속도로 변하고 있습니다. 급변하는 사회에서 적응력은 가장 중요한 덕목입니다. 인간의 몸과 마음을 따로 분리하기란 쉽지 않지만, 몸의 적응력보다 마음의 적응력이 더 필요한 건 분명합니다. 살아남기 위해서 말이지요.

기안84, 빠니보틀, 덱스 삼총사가 캠핑에 도전합니다. 장소는 해발 4,400미터에 위치한 '푸가 온천'입니다. 생명에 위협을 느낄 만큼 극한 환경은 아니지만 고산병의 위험에서 자유로울 수는 없습니다. 빠니보틀은 연신 산소통을 들이마시며 가쁜 숨을 해결합니다. 해가 지기 전에 텐트를 치고, 연료를 구해서 끼니를 해결해야 합니다.

신속한 문제 해결을 위해 역할을 분담합니다. 덱스는 텐트 칠 땅을 고르고, 빠니보틀은 나뭇조각을 이용해 젓가락을 만들고, 기안84는 연료를 구하지요. 덱스는 UDT 출신답게 캠핑을 위한 작업에 돌입합니다. 적당한 지형을 탐색한 후, 폭풍 삽질로 바닥을 평평하게 만들지요. 오지 탐험을 주로 하는 빠니보틀은 돌과 나뭇가지를 이용해 젓가락을 만듭니다. 마치 석기시대 사람을 보는 것 같습니다. 기안84는 땔감이 될 만한 나무가 없어 말똥을 태우기로 합니다. 다큐멘터리에서 본 상식과 함께 자신이 아는 모든 지식을 활용해 뛰어난 적응력을 보여 주었습니다.

월드컵 축구 대표팀도 현지 적응력을 키우기 위해 경기 전에 일찍 그 나라로 떠납니다. 기후 적응부터 잔디 상태까지 꼼꼼하게 확인해야 하니까요. 우주 비행사도 호의적이지 않은 우주 환경에 적응하기 위해 악명 높은 무중력 훈련을 받아야 합니다. 얼마나 끔찍한 훈련인지 '구토 혜성vomit comet'이라는 별명까지 붙었다지요. 축구 선수, 우주 비행사가 아니더라도 새로운 환경에 적응해야 하는 순간은 많습니다.

- 절친이 갑작스럽게 전학을 갈 때
- 생각지도 못한 고등학교에 배정받았을 때
- 기존의 학원과 맞지 않아 학원을 바꿔야 할 때
- 장난치다가 유리창을 깨어 담임 선생님께 혼날 때
- 원하는 대학교에 떨어졌을 때
- 가수가 되고 싶지만 능력의 한계를 느껴 진로를 변경할 때

여러분에게 적응력이 가장 필요한 순간은 중·고등학교 입학 직후이지요. 오죽하면 슬기로운 중학교 생활, 고등학교 생활이라는 책까지 있을까요. 특히 고등학교에 입학한 후 3, 4월이 가장 힘든 달입니다. 새로운 친구, 환경에 적응해야 하고, 수업 시간도 5분씩 늘어나며, 학습량은 급증합니다. 중학교와 달리 내신이 등급으로 나옵니다. 변별력을 고려해야 하므로 문제가 훨씬 까다롭습니다. 전교권에서 놀던 학생이 고등학교에 와서 성적이 떨어지는 경우도 있고, 반대로 중학교 때는 빛을 못 보다가 고등학교에 와서 성적이 상승하는 학생도 있습니다. 결국 중학교 때 성적이 중요한 것이 아니라 누가 고등학교에 잘 적응하느냐에 달려 있습니다.

대학교나 직장도 마찬가지입니다. 학교나 학원에서 알려 주는 대로 공부하면 성적이 오르던 고등학교와는 달리 대학교에선 모

든 걸 스스로 찾아보고 공부해야 합니다. 합격의 기쁨도 잠시 넘치는 시간을 제대로 활용하지 못해 우물쭈물하다가 대학 4년이 금세 지나가 버립니다. 대학생이 되어 갑자기 많은 시간을 선물받으니 어떻게 써야 할지 모르는 학생이 있는가 하면 자신의 진로 로드맵을 미리 알아보고 차근차근 준비하는 학생도 있습니다.

어디서든 잘 살아가는 적응력을 키우는 법

준비할 새도 없이 새로운 환경에 부딪히면 누구나 멈칫합니다. 한 대 얻어맞은 것처럼 정신을 못 차릴 수도 있습니다. 어디에서든 누구와 있든 잘 적응하기 위해서는 어떻게 하면 좋을까요? 단지 학교에만 국한된 이야기가 아닙니다.

첫째, 주변 상황에 크게 흔들리지 않습니다. 우주의 중심은 나이며, 무게중심도 나여야만 합니다. 갈피를 잡지 못하고 이리저리 따라다니면 정작 내가 해야 할 일을 못 합니다. 낚싯배에서 배의 흔들림 때문에 물고기는 잡지 못하고 멀미만 하고 온 것과 같습니다. 원래는 수학에 자신감이 있었는데 나보다 더 잘하는 친구를 보고 열등감을 느낄 때 자신감이 훅 떨어집니다. 수학에 흥미가 사라지면서 투입되는 공부 시간도 현저히 줄어듭니다. 나보다 수학을 잘하는 학생이 있다고 해서 열등감을 느낄 필요가 없습니다. 내 패턴대로 공부하면 됩니다.

둘째, 기본적으로 적응에 어려움을 겪는 주된 이유 중 하나는 바로 변화에 대한 두려움입니다. 지금까지 지내온 환경은 자신에게 편안한 마음을 주고 익숙하기 때문에 어떤 위험이 있는지 잘 모릅니다. 이러한 사람들은 지금까지 지내온 환경에 잘 적응해 있기 때문에 다른 변화를 거부하는 마음이 있습니다. 그것은 미래에 대한 불안 때문이기도 합니다. 아직 일어나지 않은 일에 대해서 막연하게 두려움을 느끼는 것입니다. 이러한 사실을 알고 두려움을 잘 다스려야 합니다.

셋째, 예상되는 어려움에는 미리 대비합니다. 고산병이 없다고 허세 부리며 약도 먹지 않고 올라간 빠니보틀은 결국 호흡곤란까지 오게 되지요. 심지어 코피도 세 번이나 흘립니다. 고산병이란 고도가 높아지면 대기압이 낮아져 공기 중의 산소가 희박해져 생기는 병입니다. 해발 2,500미터 이상의 고지대로 올라가면 고산병이 올 수 있다는 걸 미리 알고 대비해야 합니다. 잘못하면 사망에 이를 수도 있습니다. 학교 진급은 고산병처럼 위험하지는 않지만 미리 대비하면 혼란을 피할 수 있습니다. 고등학교에 입학해야만 고등학교 시스템을 알 수 있는 건 아니지요. 새학기가 시작되는 3월부터 적응 기간이 아니라 이미 한두 달 전부터 적응 훈련을 해보는 것이 좋습니다. 적성을 잘 모르겠다고 한탄하는 대신에 적응력이라도 키우면 기회는 옵니다.

버킷리스트로 진로를 찾아보자

'bucket'은 양동이지만 'kick'을 붙이면 놀라운 뜻이 됩니다. 밧줄을 목에 건 사람이 양동이 위에 올라간 뒤 그 양동이를 걷어차면 목매어 죽겠지요. 그래서 'kick the bucket'은 '죽다'라는 의미가 됩니다. 그래서 'bucket list'는 죽기 전에 꼭 해야 할 일, 달성하고 싶은 목록을 뜻합니다.

〈태어난 김에 세계일주〉는 출연자들의 버킷리스트에 따라 여행지와 하고 싶은 일을 결정합니다. 기안84는 인도의 기차 위에 올라타거나 영화관에서 춤을 추고 싶다고 했고, 덱스는 인도의 히말라야에 올라가 대자연의 경관을 온몸으로 느끼고 싶다고 했지요. 인도 기차 위에 올라타기는 위험할뿐더러 현실적으로 이룰 수 없는 꿈이라 포기했지만 대부분의 버킷리스트는 실행에 옮깁니다. 실행에 옮길 수 있는 가장 큰 이유는 자신의 버킷리스트를 누군가에게 공개했기 때문입니다. 기안84는 담당PD에게 인도 여행을 가고 싶다고 했고, 덱스도 기안84에게 히말라야에 가고 싶다는 의사를 내비쳤기 때문에 가능한 것이었습니다. 아무도 모르게 마음속에만 꼭꼭 숨겨놓으면 버킷리스트를 실현하기 힘들었을 것입니다. 그들의 버킷리스트는 돈과 시간만 있다고 해서 가능한 건 아니었거든요.

"꿈꾸는 대로 살게 된다."라고 하면 또 그 소리냐고 항변할지도 모르겠습니다. 꿈꾼다고 다 되는 건 아니라고 팩트를 날리겠지요. 그런데 꿈조차 꾸지 않는다면 어떻게 꿈을 이룰 수 있을까요? 100퍼센트 완벽하게 목표를 달성할 수는 없지만, 원하는 방향으로 흘러갈 수는 있습니다. 우리의 시간과 에너지는 한정되어 있기 때문에 꿈꾸는 대로 행동하기 때문이지요.

『사람은 생각하는 대로 된다』라는 책을 쓴 얼 나이팅게일은 20세기 가장 위대한 철학자로 인정받습니다. 그의 이야기를 듣기 위해 백악관뿐만 아니라 영국 엘리자베스 여왕이 초대장을 보냈지요. 그는 열두 살 때부터 성공의 비밀을 찾아 헤맸는데, 결론은 딱 여섯 단어, 'We become what we think about.'이었답니다. 인간을 인간으로 만드는 유일한 특징은 바로 '생각하는 것'입니다. 그에 대한 증거로 자신의 수술 일화를 들려줍니다. 대동맥판이 손상되어 돼지의 대동맥판으로 교체를 했습니다. 동물의 신체 부위를 빌려 살 수 있으니 기뻤지요. 하지만 교체할 수 없는 딱 하나가 바로 '생각하는 능력'이라는 걸 깨달았습니다.

사람은 생각하는 대로 된다고 했으니, 사람의 미래도 기대하는 대로 된다고 합니다. 하지만 유감스럽게도 이런 기대를 품는 사람은 소수에 불과하지요. 이미 3000년 전부터 내려온 지혜임에도 알아차리지 못한다는 것입니다. 그리스 철학자부터 셰익스피어, 탈무드의 랍비까지 성공에 대한 비밀은 '생각'이라고 강조했습니다.

- 소의 바퀴가 소를 따르듯 사람은 생각하는 대로 될 것이다.

-부처

- 마음속의 생각이 우리를 만들었다. 우리는 생각이 만들어 낸 존재다.

-제임스 앨런

- 세상에는 두 종류의 사람이 있다. 자신이 할 수 있다고 생각하는 사람과 할 수 없다고 생각하는 사람이다. 물론 두 사람의 말이 모두 옳다. 그가 생각하는 대로 되기 때문이다.

-헨리 포드

"내 이름으로 책 한 권 쓰고 싶다." 막연하게 생각했습니다. 그렇다고 책의 주제를 정했다거나 평소에 글을 써 놓은 것도 아닙니다. 그저 생각만 했습니다. 그러다 우연히 책 쓰기 공모전에서 당선이 되었습니다. 저의 첫 번째 책 『잘하는 것도, 하고 싶은 일도 없다는 너에게』는 그렇게 탄생했습니다. 책을 내고 싶다는 '생각'을 하지 않았다면 공모전에 원고를 보낼 일도 없었겠죠. '생각'이라는 걸 했기 때문에 이룰 수 있었습니다.

간절히 원하면 이루어진다

"내 인생에 전교 1등 한번 해보면 소원이 없겠다." 고등학교 시절 마음속에 품은 꿈입니다. 여기저기 넘사벽들이 많아서 현실적으로는 불가능했습니다. 그 누구도 기대하지 않았습니다. 공부를 잘하는 편이었으나 전교 1등은 무리였습니다. 그런데 기회가 왔습니다. 생뚱맞게도 체육 수행평가에서 신이 도우셨습니다. 전교권에서 노는 넘사벽들은 제자리멀리뛰기에 취약했습니다. 그들의 체육 점수가 엉망이라는 소문이 파다했습니다. 제자리멀리뛰기 마지막 반은 저희 반이었습니다. 제가 일정 거리 이상을 뛰면 '수(지금의 A)'를 받고 전교 1등을 할 수 있는 겁니다. 그걸 아는 친구들이 지켜보고 있었습니다. 저는 뛰는 걸 넘어 날았습니다. 몸이 깃털처럼 가벼웠습니다. 연습할 때는 못 했었는데 초인적인 힘을 발휘했습니다. 기준 거리를 겨우 넘겨 '수'를 받았습니다. 저의 라이벌들은 제자리멀리뛰기 때문에 저를 뛰어넘지 못했습니다. 전교 1등이 되자 제 이름조차 모르던 고3 부장 선생님은 수업 도중에 제 이름을 언급했다고 합니다. 다른 반 친구가 말해 주더군요. 열심히 공부하면 영숙이처럼 등수가 쑥쑥 오를 수 있다고 하셨겠지요. 이후에 어떻게 되었냐고요? 안타깝게도 그것이 처음이자 마지막이었습니다. 충격받은 넘사벽들이 이를 갈며 공부했거든요. 그중에는 S대 의예과에 합격한 친구도 있습니다. 전교 1등은 반납했지만, 어쨌든 '단 한 번이라도 전교 1등을 해야겠다'는 저의 바람은 현실로 이루어졌습니다.

생각하는 대로 살려면 생각을 정리해야겠지요. 마음속에서 그리는 그림을 시각화해야 합니다. 어림잡아 생각하지 말고 집중해서 눈앞에 보이도록 해야 합니다. 자꾸 보아서 적절한 타이밍이 왔을 때 실천해야 하지요. 그런 방법 중 하나가 버킷리스트입니다. 버킷리스트를 적어 두면 이런 점이 좋습니다.

첫째, 남이 정해 준 길이 아니라 스스로 선택하는 삶을 살 수 있습니다.

둘째, 의식하든 안 하든 버킷리스트를 실천하기 위해 노력합니다.

셋째, 내가 원하는 것이 무엇인지 선명하게 알 수 있습니다.

넷째, 버킷리스트를 하나씩 지워 가면서 새로운 목표가 생길 수도 있습니다.

진로 더하기 생각

☑ 여러분은 태어난 김에 어떻게 살고 싶은가요? 갖고 싶고, 하고 싶고, 되고 싶은 것도 많지요? 버킷리스트를 작성하면서 미래에 대한 기대를 생생하게 구체화해 보세요.

☑ 태어난 김에 사는 남자 기안84는 여행을 떠날 때마다 버킷리스트를 만듭니다. 여행지에서 꼭 하고 싶은 일을 멤버들과 의논하고 실행을 하지요. 물론 상황에 따라 버킷리스트가 수정되기도 합니다. 여러분의 인생이 하나의 여행이라면 어떤 일을 하고 싶은가요?

어떤 일에 너무나도 몰입한 나머지,
두어 시간을 훌쩍 넘긴 적이 있지 않나
요? 그 순간 우리는 내적 만족감과 함께
더할 나위 없는 행복감을 느끼게 됩니다.
이를 '몰입'이라고 합니다.
미하이 칙센트미하이는 몰입은 우연히
찾아오지 않고 명확한 목적과 적극적
사고를 가진 사람만이 경험할 수 있다고
했습니다.

관심과 몰입의 힘으로 창의력을 키우자

뿅뿅 지구오락실

길에서 이상한 행동을 하는 중학생 네 명을 목격했습니다. 모두 눈을 감고 나란히 손잡고 걸어갑니다. 저는 단번에 알아차렸습니다. 그들이 〈뿅뿅 지구오락실〉의 좀비 게임을 흉내 내고 있다는 것을요. 나도 모르게 "아, 지락실!"이라고 하자, 그들은 눈을 뜨고 깔깔깔 웃습니다. 모르는 어른의 입에서 '지락실'이 나오자 신기했나 봅니다.

〈닥터 스트레인지: 대혼돈의 멀티버스〉는 멀티버스를 대중적으로 알렸고, 〈에브리씽 에브리웨어 올 앳 원스〉는 멀티버스를 소재로 하여 아카데미 7관왕의 대기록을 달성했습니다.

멀티버스multiverse(다중우주)란 현재 우리가 살고 있는 우주와는 전혀 다른 자연법칙과 특성을 가진 우주들이 무한하게 존재할 수도 있다는 물리학 개념입니다. 우리가 살아가는 우주와 다른 무수히 많은 우주가 존재하고, 이들이 서로 관계성을 맺고 있다는 가설이지요. 멀티버스의 존재 유무는 물리학자들 사이에서 끊임없는 논쟁거리입니다. 우주, 공간, 차원의 문제를 다루는 개념입니다. 특히 SF 장르의 영화나 작품에서 멀티버스 세계관을 자주 인용합니다. 작가와 감독이 무한한 상상력을 발휘할 수 있으니까요. 예를 들면, 여러 세계에 하나의 인물이 존재할 수 있습니다. 성격과 가치관이 다를 수 있으며, 영웅이 어느 세계에선 악당으로 활동할 수 있습니다. 현실에서는 착한 헐크가 다른 세계에선 악당이 될 수도 있다는 것입니다. 다양한 설정이 가능한 멀티버스 세상은 여러 콘텐츠를 제작하는 기반이 됩니다.

"지구로 도망간 달나라 토끼를 잡기 위해 뭉친 네 명의 용사들! 시공간을 넘나들며 펼쳐지는 신개념 하이브리드 멀티버스 액션 어드벤처 버라이어티가 시작된다!" 〈뿅뿅 지구오락실〉 공식 홈페이지에 소개된 글입니다. 시공간을 넘나든다, 즉 멀티버스 세계관을 기반으로 했다는 얘기입니다. 네 명의 지구 용사들은 토롱이가 도망친 나라로 이동하기 위해 멀티버스 머신을 통과해야 하지요. 대충 그런 내용입니다.

사실 시공간을 뛰어넘는 건 콘텐츠를 만드는 것보다 소비할 때 더 유용합니다. 좀 더 다양한 콘텐츠로 지적 호기심을 충족시키고 싶을 때 우리는 시공간을 뛰어넘습니다.

칸 아카데미, TED, K-MOOC, 교실온닷, EBS, e-학습터, 늘배움

모두 콘텐츠 기반 온라인 교육 사이트입니다. 지금 나열한 것은 밤하늘에 있는 수많은 별 중에 우리 눈에 보이는 것들에 불과하지요.

패러다임이 바뀌고 있습니다. 평균수명은 길어지는 반면 지식의 수명은 짧아집니다. 배움 또한 학교 교육의 울타리를 벗어나고 있지요. 이 지긋지긋한 공부, 졸업과 동시에 안녕이라고 생각하면 오산입니다. 평생 공부가 필요한 시대입니다. 호기심을 갖고 살아야 합니다. 뉴스 기사를 통해 세상의 변화를 입력해야 하고, 희로애락이 담긴 책을 통해 공감 능력도 키워야 하며, 이야기꾼의 소설을 읽고 스토리텔링의 기법도 배울 수 있어야 합니다. 글로벌 진출을 원한다면 외국어 능력도 키워야 하고, 필요하면 자격증도 업그레이드해야 합니다.

대학이나 대학원을 졸업해도 기업에서는 재교육을 합니다. 지

구오락실의 멀티버스처럼 필요할 때 즉시 바뀔 수 있는, 직무에 빠르게 적응할 수 있는 인재를 선호할 수밖에 없지요. 학교 교육만으로는 직무에 적응하기 힘들기 때문입니다. 그러니 새로운 것을 빨리 배울 준비가 되어 있어야 합니다.

그럼 지금의 우주, 여러분이 몸담고 있는 세계에서는 어떤 공부를 해야 할까요? 현재 여러분에게 필요한 공부가 무엇인지 생각해 보세요.

관심의 바다에 풍덩 빠져 보자

〈뿡뿡 지구오락실〉의 안유진은 걸그룹 아이브의 멤버입니다. 반에서 아이브의 인기가 절대적이라고 조카가 알려 주더라고요. 초등생 또래에서 인기가 많은 '초통령'이랍니다. 아이브의 컴백 때마다 학부모들이 긴장한다는 말이 있을 정도예요. 히트곡 〈러브 다이브Love Dive〉는 물에 비친 자신의 모습에 반해 호수로 뛰어들었다는 나르키소스 신화를 차용한 것입니다.

사랑에 빠지든, 스스로에게 빠지든 어딘가에 풍덩 빠지는 것은 관심이 있어야 가능합니다. 몰입하는 것이죠. 지구오락실 멤버들도 상당히 몰입하는 순간이 있습니다. 자신의 관심 분야가 나올 때 가장 몰입합니다. 드라마 제목 맞히기는 그들에게는 수학 문제 푸는 것만큼 어렵습니다. '이상한 변호사 김삼순', '이태원 프리덤', '김비서가 수상해' 등 황당한 오답으로 재미를 터뜨립니다. 사자성어, 속담 퀴즈에서도 약점을 드러내지요. 그들의 관심 밖에 있는 주제이기 때문입니다. 하지만 관심 있는 주제가 나오면 흥과 끼를 무한대로 발산합니다. 해당 미션들을 수행하면서 촬영이라는 것도 잊고 강력한 몰입도를 보여 주지요.

어떤 일에 너무나도 몰입한 나머지, 두어 시간을 훌쩍 넘긴 적이 있지 않나요? 그 순간 우리는 내적 만족감과 함께 더할 나위 없는 행복감을 느낍니다. 몰입되었다고 하지요. 몰입은 심리학과 교수인 미하이 칙센트미하이가 학문적으로 정립하였고, 몰입 상태를 'flow(흐름)'라고 처음으로 명명했습니다. 'flow'란 행위에 깊이 몰입하여 시간의 흐름이나 공간, 더 나아가서는 자신에 대한 생각까지도 잊어버리는 심리 상태를 말합니다. 몰입은 우연히 찾아오는 것이 아니라, 명확한 목적과 적극적 사고를 가진 사람만이 경험할 수 있다고 했습니다.

몰입은 행복의 필요조건

칙센트미하이 교수는 행복감을 느끼기 위해서는 삶의 순간순간 '몰입'이 필요하다고 강조합니다. 즉, 몰입은 행복하게 살기 위한 삶의 열쇠인 겁니다. 몰입하는 사람은 일을 즐깁니다. 일을 즐기니 자신감이 생기고, 힘든 순간들도 견뎌낼 수 있습니다. 몰입을 하려면 3가지 조건이 잘 맞아떨어져야 합니다.

첫째, 명확한 목표가 있어야 합니다. 체스나 포커 같은 게임은 몰입하기 쉽지요. 목표와 규칙이 명확히 설정되어 있어 무엇을 어떻게 해야 하는지 고민하지 않고 참여할 수 있기 때문입니다. 양궁 선수는 과녁을 쳐다보며 활시위를 당깁니다. 야구의 타자는 날아오는 공을 보고 방망이를 휘두릅니다. 축구의 공격수는 골대를 향해 공을 찹니다. 그 순간 그들의 눈은 모두 목표를 향해 있습니다. 공부나 운동도 마찬가지입니다. 영어단어 50개 외우기, 팔굽혀 펴기 10개 하기, 2만 보 걷기 등 명확한 목표가 있어야만 몰입할 수 있습니다.

둘째, 즉각적인 피드백이 있어야 합니다. 공부할 때는 10분도 앉아 있기 힘들지만, 게임은 몇 시간도 할 수 있습니다. 게임은 단계별로 목표가 분명하고, 즉각적인 피드백이 주어지기 때문입니다. 공부도 즉각적인 피드백을 받을 수 있을까요? 스스로 피드백을 주면 됩니다. 교과서의 특정 부분을 공부한 후에 문제를 풀어보는 것입니다. 문제를 푼다는 것은 모르는 걸 찾아내기 위함입니다. 개념은 제대로 이해했는지, 헷갈리는 부분은 있는지 등을 확인하기 위함입니다. 공부에 몰입도를 높이기 위해서 이러한 피드백은 필수입니다.

셋째, 적절한 난이도의 과제여야 합니다. 능력에 비해 너무 수준 높은 과제는 공포감을 주고, 난이도가 너무 낮은 과제를 보면 지루함을 느낍니다. 수학 점수가 50점인 중학생이 있습니다. 옆자리에 앉은 친구가 미적분을 선행합니다. 같이 미적분을 선행해야 할까요? 초등학생도 미적분을 공부한다는 소식이 간간이 들리던데요. 미적분을 선행할지는 몰라도 미적분에 몰입하는지는 의문입니다. 반대로 고등학생에게 중학생 수준의 문제를 풀라고 하면 시시해서 도전하고 싶지 않을 것입니다. 개인의 수준과 과제의 난이도가 균형을 이루는 것이 중요합니다. 본인 실력에 비해 과제가 너무 쉬우면 무관심해지고, 실력에 비해 과제가 너무 어렵다면 금세 포기하게 됩니다. 자신의 실력에 적당하면서도 도전 의식을 일으키는 문제는 쉽지도, 그렇다고 너무 버겁지도 않은 난이도이지요.

머릿속 상상을 현실로 만드는 생각 깨우기

지하철을 타고 주변을 관찰해 보세요. 앉으나 서나 스마트폰을 들여다보는 사람들로 가득합니다. 대부분 뉴스 기사를 읽거나 유튜브 영상을 보고 있습니다. 다른 사람의 SNS를 보기도 하고요. 저마다 다양한 콘텐츠를 소비하고 있습니다. 너무나도 재미있어 시간 가는 줄도 모릅니다. 아마 자투리 시간에는 대부분 콘텐츠를 보고 있을 겁니다. 그들을 콘텐츠 소비자라 부릅니다.

반면에 콘텐츠를 생산하느라 바쁜 사람들도 많습니다. 지금 이 순간에도 콘텐츠는 쏟아지고 있습니다. 책을 쓰고, 강연을 하거나, SNS 인플루언서가 되거나, 많은 구독자를 거느린 채널 운영자가 되기도 합니다. 콘텐츠를 만드는 사람은 얼마나 많은 사람이 보느냐에 따라 큰돈을 벌기도 하지요.

〈뿅뿅 지구오락실〉의 멤버들도 적극적으로 콘텐츠를 창출합니다. 제작진이 시키지도 않았는데 자발적으로 영상을 만들어 유튜브에 올립니다. 그렇게 탄생한 〈숨 참고 러브다이브〉가 조회 수 1,000만이 넘었습니다. 그들은 콘텐츠 생산자의 역할을 톡톡히 하고 있는 거지요.

콘텐츠 크리에이터contents creator란 자신이 기획한 콘텐츠를 직접 글이나 사진, 영상으로 만들어 타인과 공유하는 사람입니다. 원래는 1인이 활동하는 경우가 대부분이었지만, 플랫폼들이 성장하고 크리에이터들이 상업화되면서 협업으로 회사를 세우는 경우가 많아졌습니다.

창조자creator가 되기 위해서는 창의성creativity이 있어야 합니다. 창의성은 새로운 생각을 해내는 능력입니다. 창의력 관련 키워드를 고등래퍼였던 이영지에게 부탁하면 이렇게 읊조리며 무대를 장악할 것 같습니다.

난 래퍼이자 지구오락실 괄괄이 이영지

지금부터 창의력이 뭔지 들려주지

Think out of the box 박스에서 나와 버려

역발상을 하란 말이야

Think different 남과 같으면 의미 없지

틀리면 어때, 눈치 보지 마

호기심은 나의 무기, 아이가 되어도 좋아

물음표 살인마라고 하지 마

궁금한 건 못 참으니까

완벽함은 없지만 Practice makes perfect

연습하고 또 연습할 거야

난 예능 블루칩, 독보적인 스웩
창의성으로 활개치고 다닐 거야

잠깐 이영지에 빙의되어 프리스타일 랩을 구사해 보았는데요. 창의성은 일부 사람들의 특권이 아닙니다. 타고나는 것도 아닙니다. 누구에게나 창의성은 잠재되어 있습니다. 얼음 속에 갇혀 있습니다. 계속 얼어붙은 상태로 있느냐 녹여서 적절한 타이밍에 활용하느냐는 개인의 노력과 환경에 달려 있지요.

'남과 다르게 생각하라' 하면 스티브 잡스를 가장 먼저 떠올리겠지만, 그에 못지않은 괴짜 사업가가 있습니다. 영국의 버진그룹 회장 리처드 브랜슨입니다. 항공, 통신, 호텔 등 전 세계 350여 개의 계열사를 보유한 기업이지요. 자신의 독특한 성격을 브랜드 정체성으로 승화시켰습니다. 도전과 모험, 창의성, 즐거움이 경영 철학입니다. 새로운 항공 노선 취항을 홍보하기 위해 120여 미터 상공에서 낙하를 하고, 비행기 안에서 지루해하는 승객들을 위해 음악과 춤이 난무하는 기내 안전수칙 동영상을 만들었습니다. 비행기 좌석 위 가방 보관함에 숨어 있다가 승객들을 놀라게 하기도 합니다.

여느 성공한 사람들처럼 그에게도 치명적 단점이 있었습니다.

책을 제대로 읽을 수 없는 난독증 증세가 있었지요. 학업 생활에 어려움을 겪을 수밖에 없었고, 난독증에 대한 이해가 낮았던 교사들은 게으르다며 야단치곤 했습니다. 경영인이 되어서도 마찬가지였습니다. 재무제표를 몰라 기업 실적을 보고도 기뻐해야 할지 슬퍼해야 할지 몰랐지요. 보다 못한 임원이 바다와 그물 속 물고기를 그려 주며 개념을 이해시켰다고 합니다.

난독증으로 고등학교를 중퇴할 당시 교장 선생님은 이 범상치 않은 아이에게 이런 예언을 했다고 합니다.

"감옥 아니면 백만장자, 둘 중 하나로 끝날 것이다."

교장 선생님의 말은 적중했고, 그는 30대에 억만장자가 되었습니다. 훗날 그는 인터뷰에서 난독증이 성공의 요인이라고 했는데요. 읽기로 배우는 것은 한계가 있기 때문에 친구들과 이야기를 나누면서 배우는 등 다른 방식으로 접근했습니다. 상황에 적응하기 위해 끊임없이 시도하는 자세는 삶의 모든 분야에서 창의적으로 접근하는 법을 가르쳐 주었다고 합니다.

리처드 브랜슨은 창의적으로 접근하기 위해 다음과 같은 것을 강조합니다. 머릿속 상상이 현실화되는 비법입니다.

1. 다양한 경험을 하라

사람은 낯선 환경을 접할 때 창의력이 폭발합니다. 끊임없이 인위적으로 새로운 것들을 접한다면 아이디어가 샘솟지 않을까요?

2. 통제 가능한 모험을 즐겨라

리처드 브랜슨은 《스튜던트》라는 잡지 발행을 시작으로 음반, 항공, 우주산업까지 아이디어를 실전에 옮기는 걸 주저하지 않았습니다. 열기구로 세계일주를 하다가 목숨까지 잃을 뻔했다는데요. 하고 싶은 것이 있으면 반드시 하라고 조언합니다. 하지만 철저한 준비가 필요합니다. 무모한 도전은 도전이 아닙니다. 대담해지되 통제할 수 없는 것에는 도박하지 말라고 강조합니다.

3. 안락지대에서 벗어나라

리처드 브랜슨은 휴가로 푸에르토리코를 방문하려고 공항에서 대기하고 있었습니다. 그런데 타기로 했던 비행기가 취소되었습니다. 연착이나 대체 항공편에 대한 안내가 없어 모든 승객이 혼란에 빠졌습니다. 아무리 항의를 해도 해결해 줄 기미가 보이지 않자 리처드 브랜슨은 항공사 책임자를 만났습니다. 3,000달러에 여객기를 빌리지요. 그리고 그는 혼란에 빠진 승객들에게 이런 내용이 적힌 화이트보드를 보여 주었습니다.

"푸에르토리코행 비행기 39달러, 버진 항공."

표는 순식간에 매진되었고, 휴가 비용까지 벌게 되었습니다. 버진 항공 이름은 그때 즉흥적으로 만든 이름이었지요. 그 경험을 바탕으로 리처드 브랜슨은 아예 버진 애틀랜틱이라는 항공사를 창업했습니다.

편안한 곳에 안주해 있으면 기회는 오지 않습니다. 불편함을 느낄 때가 기회입니다. 불편함을 피하려 하지 말고 더 나은 대안을 찾는 것이 창의성의 시작입니다.

4. 실수에서 배우자

리처드 브랜슨은 좋은 리더에 대한 생각이 확고했습니다. 직원들이 큰 실수를 했더라도 화내지 않는다는 것입니다. 그래서 일을 못한다는 이유로는 해고하지 않는다고 하네요. 사람은 누구나 잘하는 일과 못하는 일이 있기 마련이고, 일을 제대로 해내지 못한다면 그에게 적합한 일을 찾아줘야 한다는 것입니다. 실제로 버진그룹 임원 중 한 명은 청소부로 입사했던 직원입니다.

5. 크고 작은 생각을 모두 적어라

항상 가지고 다니는 물건에 대한 질문을 받았을 때 브랜슨은 이렇게 말합니다.

"이상하게 들릴지 모르지만 제게 가장 중요한 물건은 항상 뒷주머니에 넣어 다니는 작은 노트입니다. 여행을 다닐 때도 반드시 갖고 가죠. 이 노트가 없었다면 버진그룹을 지금처럼 키우지 못했을 겁니다."

기록해 두지 않으면 다음 날 잊어버리기 때문에 노트를 항상 지니고 다닌다고 합니다. 한번은 좋은 아이디어가 떠올랐는데 마침 노트가 없어서 여권에 적었다는 일화가 있습니다. 노트는 아이디어를 수집하는 도구이고, 여러 아이디어가 융합되어 생각의 충돌이 일어나는 현장입니다. 창의력의 불꽃이 타오르는 발화점이며, 창의력이 얼지 않게 막아 주는 히터와 같습니다.

진로 더하기 생각

☑ 섬네일thumbnail은 '엄지손톱'이라는 뜻입니다. 엄지손톱처럼 작게 축소한 사진이나 그림을 가리킬 때도 섬네일이라고 합니다. 각종 콘텐츠에서 섬네일은 책 표지 같은 역할을 합니다. 사람들이 서점에서 책 표지를 보고 책을 고르듯이 왠지 재미있을 것 같은 섬네일을 보고 동영상을 클릭하지요.

여러분의 개성이 담긴 콘텐츠를 만든다면 섬네일을 어떻게 만들까요? 관심과 클릭을 부르는 섬네일을 만들어 보세요.

〈신서유기〉는 스핀오프 프로젝트를 통해 경계를 허물고 있습니다. 스핀오프가 영화, 예능에만 그치는 것이 아니라 개인의 삶에도 영향을 미치고 있습니다. 요즘 직장인들은 본업 이외에 자신의 경력을 스핀오프하는 데 관심이 많습니다. 변화가 빠른 불확실성의 시대에 꼭 필요한 전략입니다.

경계를 허무는 순간 새로운 길이 열린다

신서유기

인간의 뇌에는 수백억 개의 신경세포가 있습니다. 서로 복잡한 네트워크를 형성하고 있지요. 신경세포끼리는 전기배선처럼 이어져 있는 줄 알았는데, '시냅스'라 불리는 아주 작은 틈이 있습니다. 신경전달물질은 이러한 틈을 넘어 신호가 전달되도록 하지요.

세로토닌도 이러한 신경전달물질 중 하나로, 우리의 기분과 밀접한 관련이 있습니다. 세로토닌 수치가 떨어질 때 우울증과 스트레스 반응이 나타나고, 반대로 세로토닌 수지가 승가하면 기분이 좋아지는 경향이 있습니다. 그래서 '행복 호르몬'으로 불리기도 합니다.

엔도르핀은 강력한 진통 작용을 하는 신경전달물질입니다. 진통 효과는 모르핀의 6.5배나 된답니다. 모르핀은 마약의 일종으로, 말기 암환자의 심한 통증을 완화시키는 데도 쓰이지요. 모르핀의 몇 배나 되는 진통 물질이 뇌에서 분비되는 겁니다. 천연 진통제 역할을 하는 엔도르핀을 '뇌 내 마약'이라고도 부릅니다. 다른 점이라면 중독성은 전혀 없습니다.

웃음은 우리 몸에서 세로토닌과 엔도르핀의 분비를 촉진합니다. 웃음은 수명을 연장시킬 뿐만 아니라 성공과도 관련이 있습니다. 미시간대학 심리학 교수 맥코넬은 인생에서 성공하려면 더 많이 웃으라고 했습니다.

"웃는 얼굴은 무한한 보석이며 찡그린 얼굴은 정신적인 오염물질이다. 찡그린 얼굴의 의사는 싱글벙글 웃는 의사보다 두 배나 더 의료사고 소송에 휘말린다. 자식의 탈선으로 힘들어하는 부모의 80퍼센트는 습관적으로 웃지 않는 부모들이다."

웃음은 놀라운 치료약입니다. 웃을 때 근육을 움직이면 모든 장기와 조직이 마사지를 받는 것과 같은 효과를 낸다고 합니다. 웃으면 근육의 긴장이 풀리고 폐를 마사지한 것처럼 호흡이 안정됩니다. 면역체계를 강화하여 백혈구의 생성을 돕습니다.

15초 동안 크게 웃기만 해도 수명이 이틀이나 늘어난다고 합니다. 그런 의미에서 우리의 수명을 연장시키는 강력한 웃음 제조기를 하나 소개합니다.

〈신서유기〉는 중국의 장편소설 『서유기』의 등장인물인 손오공, 사오정, 저팔계, 삼장법사를 등장시켜 서유기를 예능적으로 재해석한 프로그램입니다. 〈신서유기〉의 여러 게임은 이미 각종 예능 프로그램에서 비슷하게 변형되어 소개되었고, 대학교나 회사의 레크레이션 소재로 활용되고 있습니다. 이런 게임들은 규칙이 간단해 누구나 한 번만 보면 참여할 수 있습니다. 또한 머리를 많이 안 써도 되고, 단순하여 즉각적인 웃음을 유발합니다.

사물퀴즈, 인물퀴즈, 고요 속의 외침, 음악퀴즈, 좀비게임, 줄줄이 말해요, 훈민정음 탁구, 마피아 게임, 고깔 게임

다른 예능에서도 이런 비슷한 게임들을 하지만 유독 신서유기가 재미있는 것은 나영석 PD의 깐죽거림과 멤버들의 기발함도 한몫하는 것 같습니다. 멤버들의 기상천외한 오답을 보고 시원하게 웃어도 보고, 진로 지식도 쌓아볼까요?

경계를 허물고 신세계에 대비하자

코맹맹이 소리를 가진 이 시대 명창이 있습니다. 지극히 개인적인 생각입니다. 그의 이름은 조규현. 드라마 〈슬기로운 의사생활〉 OST 중 하나인 〈화려하지 않은 고백〉을 듣고 있는데, 명창이라고 칭해 주고 싶더군요. 콧소리가 살짝 가미된 그의 목소리는 이상하게도 막힌 코를 뻥 뚫어줄 듯한 시원함을 선사합니다. 조규현을 알게 되고, 그의 목소리를 좋아한 계기는 음악이 아니었습니다. 예능 〈신서유기〉에서였습니다. 〈신서유기〉에서 그는 별명 부자입니다. 술을 잘 마셔서 조정뱅이, 블라인드 테스트에서 술 브랜드명을 정확하게 맞혀서 조믈리에, 고깔모자를 쓴 모습이 삐에로를 닮아 조삐에로 등이 있지요.

하루는 멤버들과 술을 마시며 펜션 안에 설치된 노래방에서 노래를 하더군요. 이렇다 할 음향 효과도 없고, 술이 들어간 상태에서 노래를 하는데도 콘서트장에 온 줄 알았습니다. 중간에 다른 멤버들이 함께 따라 부르는데 오롯이 조규현의 목소리만 듣고 싶을 만큼 매력적인 보컬을 가지고 있었습니다. 만약 그가 예능에 출연하지 않고, 노래만 줄곧 했었다면 그가 실력자인 줄 제가 알았을까요? 그저 슈퍼주니어의 멤버 중 한 명으로만 알았을 거예요. 이처럼 자신의 영역이 아닌 곳에서 빛을 발하는 경우가 많습니다.

〈신서유기〉에서 훈민정음 탁구 경기를 하더군요. 탁구를 하다가 영어로 말하면 그 팀의 점수는 바로 0점이 됩니다. 멤버들은 serve, okay, fighting, net, team, come on, manner 등의 영단어를 자연스럽게 말하며 원어민 수준(?)으로 영어를 늘어놓습니다. 우리가 일상적으로 쓰는 말 속에는 알게 모르게 영어가 뿌리 깊게 박혀 있다는 걸 새삼 느끼게 되었지요. 훈민정음을 창제하신 세종대왕께서 분노하실까요? 아니면 멤버들의 예능감에 큰 웃음을 지을까요? 사실 훈민정음 탁구를 꺼낸 건 세종대왕의 업적을 상기시키기 위해서였습니다.

세종대왕은 살아 있는 역사입니다. 그의 탁월한 업적이 현재까지 영향을 미치기 때문이지요. 세계에서 가장 과학적인 문자인 한글이 없었다면 문화강국 대한민국도 존재하지 않았을 겁니다. 측우기 등의 과학 기술품에 녹아 있는 DNA를 이어받아 IT 강국이 되었다고 감히 추측해 봅니다. 특히 경계를 허물고 인재를 등용하는 리더십은 600년이 지난 현재에도 통하는 전략이 아닐까 싶습니다. 4차 산업혁명이 궁극적으로 지향하는 세상노 경계가 없는 세상이니까요.

김종서는 오랜 세월 변방 사령관으로서 초기 국방을 튼튼하게 한 인물입니다. 흔히 무장으로 알고 있지만 문과급제를 통해서 벼슬에 올랐습니다. 당시 무관 출신을 임명하는 것이 관례였으나 세종대왕은 문관 출신 김종서를 적임자로 판단했습니다. 북방의 여진족들을 무조건 힘으로만 제압해서는 안 된다고 여겼으니까요. 김종서는 용맹한 기질로 북방 지역 주민들 사이에서 대호大虎라고 불렸습니다. 그만큼 위세가 대단했습니다. 12년 동안 변방에 머무르면서 조선의 국경을 새롭게 개척했지요. 문신과 무신이라는 출신의 경계를 허무는 세종의 창조적인 용병술 덕분에 조선은 안보를 튼튼하게 하고 국경선을 명확하게 할 수 있었습니다.

세종의 인재 등용에서 빠지면 섭섭한 인물이 또 있지요. 조선의 과학 천재, 장영실은 천출이었습니다. 아버지는 원나라에서 귀화한 기술자였고, 어머니는 동래의 관노였습니다. 하지만 세종은 장영실의 신분에 구애받지 않고 그를 국가의 기술 관료로 임명합니다. 거기다 국비 유학의 혜택도 줍니다. 명나라에서 천문을 관장하는 사천감으로 유학을 보내 천체물리학을 공부하게 했습니다. 유학을 마치고 돌아온 장영실은 물시계를 만들어 세종의 은혜에 보답했지요. 세종은 크게 기뻐하며 장영실을 면천하고 벼슬까지 내립니다. 이후 장영실은 물시계보다 더 정확한 자격루를 완성하였고, 세종은 종3품 대호군으로 승진시킵니다. 노비 출신에게는 파격적인 대우였지요. 이처럼 세종은 국가 발전에 이바지한다면 신분의 경계도 허물고 인재를 등용했습니다.

"넌 문관이니까 북방을 책임질 수 없어."

"넌 노비니까 벼슬을 할 수 없어."

이렇게 선을 그어놓고 인재를 등용했다면 찬란한 민족문화의 꽃은 피우지 못했을 것입니다.

"죠스가 나타났다! 빠~밤 빠~밤 빠밤 빠밤~밤밤 밤!"

스티븐 스필버그 영화 〈죠스〉의 메인 테마곡입니다. 영화음악가 존 윌리엄스는 어느 교향곡 4악장 첫 소절을 차용하여 테마곡을 탄생시켰습니다.

우리에겐 너무나 익숙한 곡이지만 작곡가와 곡명은 잘 모릅니다. 〈신서유기〉 멤버들도 마찬가지지요. 아마 〈신서유기〉 클래식 퀴즈에서 가장 많은 오답이 나온 곡이 아닐까 싶은데요. 드보르작의 교향곡 제9번 〈신세계로부터〉입니다.

안토닌 드보르작Antonin Dvorak은 체코를 대표하는 작곡가입니다. 브람스와의 만남을 통해 음악적으로 성공을 거두었고, 잘나가던 그에게 미국 뉴욕 국립음악원 원장의 기회가 옵니다. 고국을 떠나기 싫었으나 도저히 뿌리칠 수 없는 후한 조건을 제안받고 3년간 미국에서 생활하게 되지요. 나중에 향수병이 심해져 연장 계약을 6개월 남겨두고 다시 체코로 돌아오지만요.

미국에 도착한 그는 유럽과는 전혀 다른 모습에 그야말로 신세계를 경험했습니다. 화려하고 큰 대륙의 스케일은 충격이었지요. 그에게 미국은 웅대하고 아름다운 대자연, 활기찬 도시, 선진 문명이 발달한 멋진 곳이었습니다.

"미국을 보지 않았더라면 이런 교향곡은 쓸 수 없었을 것이다."라고 말했는데요. 미국의 광활한 도시, 자연의 활기에 대한 인상을 표현하며 '신세계로부터'라는 제목을 붙였답니다. '신세계'는 신대륙의 아메리카를 뜻합니다. 향수병이 생길 만큼 고향을 그리워했던 그는 미국 흑인영가, 인디언 민요와 고향 보헤미안의 멜로디를 섞어 새로운 음악 세계를 창조해 냈습니다. 1893년 카네기홀에서 드보르작의 〈신세계로부터〉가 초연되었습니다. 그야말로 대성공이었습니다. 미국인들은 찬사를 보냈고, 이주민들은 고향의 정서를 느끼며 뜨거운 눈물을 흘렸다고 합니다.

드보르작이 국경을 넘어 미국으로 가지 않았다면, 그리고 흑인과 인디언의 음악을 흡수하지 않았다면 과연 이런 곡이 나올 수 있었을까요? 그도 인정했듯이 이 교향곡은 나오지 못했을 겁니다.

불확실한 시대를 대비하는 전략

현재 〈신서유기〉 시리즈는 시즌 8까지 방영되었고, 거기다 신서유기 외전으로 콘텐츠의 영역을 확장했습니다. 외전이라 함은 원작에서 다루지 않았던 이야기를 보충하여 만들어 낸 작품을 말하는데요. 〈신서유기〉 외전은 5분 분량으로 tvN에 편성되었다가 방송 후에 풀버전이 유튜브에 공개되었습니다. 풀버전 〈신서유기 외전:삼시세끼-아이슬란드 간 세끼〉는 편성의 경계를 허무는 파격적인 구성이었습니다.

이렇듯 〈신서유기〉는 스핀오프 프로젝트를 통해 콘텐츠의 경계를 허물었습니다. '스핀오프spin-off'란 '파생하다, 분리하다'의 의미로, 주로 콘텐츠 산업에서 '원작에서 파생되어 나온 작품'을 의미합니다. 원작과 같은 세계관을 공유하면서 새로운 이야기를 펼쳐 나가는 것이지요. 중요한 점은 스핀오프가 영화, 예능에만 그치는 것이 아니라 개인의 삶에도 영향을 미치고 있다는 것입니다. 요즘 직장인들은 본업 이외에 자신의 경력을 스핀오프하는 데 관심이 많습니다. 변화가 빠른 불확실성의 시대에 꼭 필요한 전략이라고 합니다.

영화 〈주유소 습격사건〉의 유명한 대사가 있습니다.

"난 한 놈만 팬다."

내가 한 놈만 패는 동안 어떤 변수가 생길지 모릅니다. 산만하게 이것저것 해보라는 말은 아니고, 다른 영역에도 관심을 가져보라는 말이었습니다.

비즈니스에서는 상대적으로 저예산으로 시장 상황에 유연하게 대처할 수 있는 스핀오프 전략을 자주 활용합니다. 개인의 삶에서 진로를 결정할 때도 스핀오프 전략은 유용합니다. 자신에게 맞는 진로를 찾아가기 위해서는 다양한 시도를 해보는 것이 효과적이니까요.

진로 더하기 생각

☑ 여러분의 인생 계획은 무엇인가요? 남들에게 떳떳하게 말하고 싶은 계획을 적어 보세요.

☑ <신서유기>에서 용볼 일곱 개를 모으면 소원을 들어준다고 하는데, 만약 여러분이 일곱 개를 모아 100만 원 상당의 선물을 준다고 하면 무엇을 받고 싶나요? 돈이 아니라 꿈을 이루어 준다고 하면 어떤 소원을 빌고 싶은가요?

☑ 어떤 일이든지 원하는 것을 다 이룰 수 있다면 진정으로 하고 싶은 일은 무엇인가요?

빛의 속도로 변화하는 세상에 적응하기
위해서는 유연한 사고가 필요합니다.
유연한 사고란 틀에 얽매이지 않고
자유로운 생각과 발상을 떠올리는 겁니다.
기존에 있던 방식을 재구성하고
융합함으로써 새로운 패러다임을 이끄는
거지요. 내가 틀릴 수도 있다는 열린
마음을 가지면 대인관계에서도 적을
만들지 않고 나를 이롭게 할 수 있습니다.
결정적으로 유연한 사고를 지닌 사람은
예상치 못한 상황에 보다 빠르게
적응하고, 해결책을 신속하게 찾아냅니다.

최고의 전문가들과 함께하는 진로 상담

집사부일체

군사부일체라는 한자어를 한 번쯤 들어본 적 있을 거예요. 임금님, 선생님, 아버지가 한 몸이라는 뜻인데, 부모의 은혜가 소중한 만큼 스승의 은혜도 잊어서는 안 된다는 의미입니다.

영화 〈두사부일체〉라는 코미디 액션 영화는 조직폭력배가 학교로 가면서 벌어지는 일을 다루고 있습니다. 두목과 스승의 은혜는 같다는 일종의 군사부일체를 패러디한 영화인데요. 〈집사부일체〉도 있습니다. 집에 스승을 모셔와 인생에 도움이 되는 이야기를 듣고 교훈을 얻는다는 SBS 예능 프로그램입니다. 예술, 사회, 과학, 역사, 경제, 심리 등 각 분야의 전문가를 사부로 모시고, 사부가 주는 과제를 해결하면서 인생을 배운다는 의도로 만들어졌습니다.

뇌과학자 정재승, 소설가 김영하, 건축가 유현준, 프로파일러 권일용, 디자이너 우영미 등 각 분야의 최고 전문가들이 출연하여 젊은이들에게 도움이 되는 여러 이야기와 조언을 해 줍니다. 지루한 강연식으로 들려주는 것이 아니라 멤버들에게 퀴즈도 내고 게임 대결도 시켜 재미도 있으면서 유익한 정보도 얻을 수 있습니다. 혹시 또 아나요? 어쩌면 여러분의 인생을 바꿀 수 있는 사부가 나올지도 모릅니다.

〈아침마당〉의 그녀가 전하는 면접 꿀팁

면접은 직접 만나서 그 사람이 어떤 사람인지 알기 위해 갖가지 질문으로 평가하는 방식인데, 흔히 필기시험 후에 최종적으로 심사하는 방법입니다. 정답이 있는 질문, 정답이 반만 있는 질문, 정답이 아예 없는 질문 등 훌륭한 인재를 뽑기 위해 다양한 방식의 질문을 합니다. 내가 이 회사 또는 학교에 적합한 인재라는 것을 어필하기 위해 좋은 인상을 남기고 싶은데 막상 면접관 앞에서는 머리가 하얘지고 말이 안 나옵니다.

당장 면접이 아니더라도 조별 또는 개인 발표 수행평가에서 자신이 하고 싶은 말을 제대로 하지 못해서 기대한 점수를 받지 못한 경험은 없나요? 수업 중 성실하고, 필기 잘하고, 지필평가 시험도 잘 치는데 말하기 수행평가에서만 유독 능력을 발휘하지 못하는 학생도 있습니다. 또한 평소에 활달하고 붙임성이 좋아 선생님들과도 친근하게 지내는 학생이 면접 상황에서는 오히려 긴장해서 말을 버벅거리기도 합니다.

그래서 나긋나긋하고 우아한 목소리로 상대방의 마음을 사로잡는 이금희 사부를 초대했습니다. 〈집사부일체〉에서 면접의 꿀팁을 알려 줍니다. 그녀는 주부 대상 토크쇼인 KBS 〈아침마당〉에서 18년간 진행자로 활동한 아나운서이자 MC입니다. 이승기, 양세형, 유수빈, 김동현을 대상으로 면접 실전 연습을 해 봅니다. 시청자의 입장에서는 면접의 좋은 예와 나쁜 예를 찾아보는 재미가 있습니다. 면접관이 가장 많이 하는 질문인 "자기소개를 간단히 해 주시겠습니까?", "수많은 지원자 가운데 왜 당신을 뽑아야 하나요?"와 같은 물음을 던집니다.

이승기는 예전부터 이 회사만 꿈꿔 왔고, 이 회사에 뼈를 묻겠다고 했으며, 양세형은 근본 없는 전문지식을 뽐내며 회사의 문제점을 해결하겠다고 합니다. 배우 유수빈은 말에 끊김없이 자신은 창의적인 사람이라고 청산유수로 어필합니다. 마지막으로 김동현은 격투기 불모지였던 우리나라에서 격투기를 시작한 에피소드를 들려주며 남들이 하지 않는 일도 마다하지 않고 개척할 수 있다는 이야기를 하죠. 면접관으로서 여러분은 누구를 뽑겠어요? 저는 평소에 이승기가 전교 회장까지 했을 정도로 똘똘하고, 각종 예능에서 멤버들과 잘 어울리는 모습을 봐서 그런지 이승기를 뽑을 것 같았거든요. 그런데 이금희 사부의 선택은 우리의 예상과 달랐습니다. 이승기, 유수빈의 자기소개는 본인이 아니어도 할 수 있는 말이었고, 양세형은 전문성이 높은 면접관 앞에서 함부로 전문성을 뽐내려 한 것이 실수였다고 합니다. 따라서 이금희 사부는 '자신만의 스토리'를 들려준 김동현을 뽑겠다고 했습니다. 사람의 마음을 움직이는 힘은 스토리에 있다는 것이지요.

이금희 사부는 면접에서 자기소개를 할 때 유의해야 할 점을 요약하여 알려 줍니다.

첫째, 자기소개에 내 고유의 이야기를 담으라는 것입니다. 아무리 머리가 좋은 면접관이라도 하루에 100여 명의 지원자를 모두 기억할 수는 없습니다. 지원자가 말한 고유의 스토리로 기억하기 때문에 남들이 하는 이야기는 피하고 나만의 이야기를 하는 것이 좋습니다.

둘째, 자신의 장점을 알리고 싶다면 구체적인 사례를 곁들이는 것이 좋습니다. 예를 들어 본인이 창의성이 뛰어나다고 하려면 학교생활, 가족들과 있었던 이야기 중 실제로 창의적으로 문제를 해결한 사례를 들려줘야 합니다.

셋째, 어쭙잖게 면접관 앞에서 전문성을 뽐내다가 나의 빈틈을 보이기 쉽습니다. 대개 면접관들은 회사 경력이 많은 임원이기 때문에 전문성을 뽐내는 것을 추천하지는 않습니다.

넷째, 면접관에 대한 인식을 바꾸어 보세요. 나를 떨어뜨리려는 사람이 아니라 나에게 관심이 많은 어른이라는 생각으로 다가간다면 좀 더 편안하게 면접을 볼 수 있을 것입니다.

면접이 있는 대입 전형에 지원한다면 아래의 사항들을 꼼꼼히 체크해 보세요.

첫째, 자신의 학교생활기록부를 훑어보고 이 활동을 시작한 계기, 어려움 극복 사례, 느낀 점, 활동을 통해 알아낸 학문적 결과 등을 정리합니다.

둘째, 지원하는 학교의 인재상을 알아보고 내가 한 활동과 연관시킵니다. 이 학교에 관심이 많다는 것을 보여 주면 좋습니다.

셋째, 자신의 꿈을 구체화하기 위해 학교에서 어떤 활동을 했는지, 어떤 경험을 했는지 정리합니다.

이외에 제시문 면접이라고 해서 전공과 관련된 제시문을 주고 해결 방안이나 자신의 의견을 말하게 합니다. 따라서 평소에 전공과 관련된 시사상식에 관심을 가지고 뉴스 기사를 읽거나 책을 읽고 정리해 보는 습관을 들이면 큰 도움이 됩니다. 대개의 면접에서 단골 질문은 다음과 같습니다.

자기소개	역경을 극복한 경험
지원동기	스트레스 해소법
학업 계획	독서 활동
전공 관련 경험	좌우명
지원자를 선발해야 하는 이유	몇 년 후 나의 모습
해당 학과에서 배우고 싶은 것	인생에서 소중한 것
롤 모델	리더십 발휘 경험 등

지구의 미래와 나의 진로

타일러 라쉬는 한국에서 활동하는 영어 강사이자 방송인입니다. 한국인보다 훨씬 한국말로 토론을 잘해 외국인에 대한 선입견을 없애 버린 인물이죠. 미국의 명문 시카고 대학을 졸업하고, 서울대 대학원 외교학과에서 석사 학위를 받았을 정도로 뇌섹남이고 언어 천재로 알려져 있습니다. 그런 타일러가 〈집사부일체〉에 사부로 나온다고 해서 저는 문제를 잘 푸는 방법이나 말 잘하는 비결을 알려줄 거라 예상했는데, 뜻밖에도 지구의 심각한 환경문제를 알리기 위해 출연했습니다. 사실 환경문제는 어제오늘 일이 아니어서 새로울 것이 없겠지만 미래 사회를 이끌 청소년들의 진로를 책임지는 선생님으로서 지구의 미래에 대해서도 꼭 언급하고 싶습니다.

멤버들이 1교시 수업을 위해 교실로 들어서자 9시 46분에 멈춰 있는 시계를 보게 됩니다. 시간이 멈춰 있는 이유를 추측하던 멤버들 앞에 타일러가 등장했습니다. 타일러는 멈춰 있는 시계를 1년에 한 번씩 가는 시계라고 설명합니다. 현재 시간은 9시 46분이며, 시간이 지나 자정이 되면 지구의 종말이 온다고 합니다. 지구 종말까지 2시간 14분 정도 남아 있습니다. 기후위기의 심각성을 보여 주는 시계로 타일러의 환경 수업이 시작됩니다.

지구촌 곳곳에서 극단적인 날씨 변화로 인한 뉴스가 끊이지 않습니다. 폭우, 폭설 등으로 삶의 터전을 잃거나 심지어 사망한 경우도 많습니다. 만약 나와 가족, 친구들이 그런 일을 당한다면 어떻게 될까 상상해 본 적 있나요? 나와는 상관없는 일처럼 안심하고 있는 우리에게 타일러는 그 심각성을 적나라하게 알려 줍니다.

바이러스 창고인 박쥐는 60여 종의 전염병을 옮길 수 있다고 하지요. 코로나19가 전 세계적으로 확산되면서 많은 과학자들이 원인 동물로 박쥐를 지목했습니다. 박쥐는 주로 숲에서 서식합니다. 그런데 인간이 숲을 벌목하여 농장을 만들자 인간과 박쥐의 생활공간이 겹치게 됩니다. 박쥐의 서식지를 인간이 파괴하는 바람에 박쥐와 같은 공간에서 생활하게 되고 결국 바이러스가 더 쉽게 퍼질 수 있었다는 겁니다.

타일러는 마크 라이너스의 저서 『최종 경고: 6도의 멸종』이라는 책을 소개합니다. 지구 기온이 1도씩 오를 때마다 생기는 변화를 서술한 책입니다.

- **1도 상승** 세계 곳곳에 극심한 가뭄

- **2도 상승** 주요 항만도시 침수
- **3도 상승** '지구의 허파' 아마존 붕괴
- **4도 상승** 지구 전역 빙하 소멸
- **5도 상승** 기상이변 속출
- **6도 상승** 오존층 파괴, 인류 대멸종

지난 10년간 지구의 온도는 0.4℃ 상승했습니다. 이대로 간다면 30년 후에는 2℃ 상승한다는데 대한민국은 어떻게 될까요? 부산 옆의 김해가 없어지고, 부산은 삼면이 바다로 둘러싸인 반도가 된다고 합니다. 인천공항도 물에 잠겨 없어집니다.

충격적이지요? 그럼 지금 당장 환경운동을 실천하기 쉬운 방법은 무엇일까요? 타일러는 이런 얘기를 합니다. 분노할 권리! 요즘엔 재활용이 어려운 복합제품이 많아 분리수거가 쉽지 않습니다. 이런 제품에 소비자가 분노해야 생산자가 바뀐다는 겁니다. 환경을 파괴하는 데 일조하는 기업들의 제품은 피하고, 친환경 제품 위주로 사는 거지요. 소비자로서 구매권을 행사할 때 세상은 바뀔 수 있습니다. 물건을 살 때 친환경 마크만 잘 살펴보고 구매해도 도움이 될 것 같아요.

또한 모두를 놀라게 한 환경보호 꿀팁이 있었는데요. 바로 읽지 않은 메일을 지우는 것입니다. 우리가 메일을 읽지 않고 보관하는 것만으로도 환경오염이라고 합니다. 왜 그럴까요? 메일을 보관하기 위해서는 데이터 센서와 냉각장치를 돌려 열을 상시 냉각해야 한답니다. 이때 1GB당 32kWh가 든다고 하는데, '32kWh면 적은 거 아냐?'라고 생각할 수도 있겠지만 전 세계 이메일 사용자는 23억 명, 이들이 이메일 50개만 삭제해도 그 효과는 어마어마하게 커진답니다. 1시간 동안 27억 개의 전구를 끄는 것과 같은 에너지 절약 효과가 있다고 하네요. 우리가 하루에 1분만 투자해서 메일함을 지우는 것도 환경을 위해 큰일을 하는 겁니다.

'나 하나 환경운동 실천한다고 뭐가 달라지겠어'라고 생각하지 말고 나부터 바꿔보자고 생각해 보세요. 아마 보이지 않게 세상에 영향을 미칠 겁니다. 우리가 살아갈 지구의 수명을 1분이라도 늘리자는 희망을 버리지 말아요.

발상의 전환으로 해결책을 찾는다

사건·사고가 많은 방송 생활에서 구설수에 휘말리지 않고 롱런하기는 힘든데요. 버럭 개그로 유명한 이경규는 연예계에서

별다른 잡음 없이 40여 년간 방송을 하고 있습니다. 또한 방송 3사에서 연예대상을 모두 받아본 예능인입니다. 이쯤 되면 예능 대부라고 불릴만하겠죠.

그의 필살기는 뭐니 뭐니 해도 버럭 개그입니다. 이경규가 화를 내는데도 이상하게 시청자들은 웃깁니다. 이경규의 독설을 받아야 하는 약자가 있음에도 불구하고 이경규는 비호감의 선을 넘지 않습니다. 오히려 '츤데레(겉으론 무뚝뚝하지만 속은 따뜻한 사람을 일컫는 말)' 이미지가 강해 인기가 있습니다. 또한 시청자가 예측할 수 없는 화법으로 반전 웃음을 줍니다.

〈집사부일체〉 이경규 편에서는 자연인으로 살고 있는 이경규를 찾아갑니다. 이경규의 실제 집은 아니고 설정입니다. 보통 장독대 안에는 직접 담근 김치나 발효 된장 등이 담겨 있습니다. 그걸 기대하고 장독대 뚜껑을 열었는데 웬걸, 스팸과 참치, 커피 믹스와 컵라면이 들어 있습니다. 장독대 안에는 된장, 간장이 들어 있어야 한다는 우리의 고정관념을 깨뜨려 버립니다. 멤버들은 산속에서 유기농 음식을 먹을 줄 알았는데 서울에 있을 때보다 몸이 더 더러워지겠다고 하자 이경규가 갑자기 역정을 냅니다.

이경규: (라면, 스팸, 커피믹스 등이 들어 있는 바구니를 가리키며)

이거 인스턴트 식품이잖아. 서울보다 몸이 더러워지겠다고? 이제 이 광고 절대 안 들어와. 자연에 버금가는 이 라면들. 이렇게 말해야지.

사부의 강력한 한마디에 멤버들은 그제야 큰 깨달음을 얻습니다. 이어 이경규가 후배들에게 예능에서 가장 중요한 게 무엇인지 묻습니다. 그러자 김동현은 '경청'이라고 대답하죠. 의사소통 능력을 기르기 위해서 가져야 할 요건 중에 다른 사람의 말을 잘 들어주는 경청이 중요한 요건임은 부인할 수 없는 사실입니다. 하지만 예능대부 이경규는 인상을 찌푸리며 경청이야말로 예능의 무덤이라고 대꾸합니다. 방송인데 듣고만 있으면 어떡하냐면서요. 그러면서 예능의 꽃은 '리액션'이라고 설명합니다.

이렇듯 집사부일체에서 이경규는 시종일관 우리의 경직된 사고를 계속 비틀어 줍니다. 몸이 피곤하거나 스트레스를 받으면 근육이 경직되어 통증을 느끼는 경우가 있죠? 컴퓨터 게임이나 스마트폰을 같은 자세로 오래 하면 목이나 어깨가 아프기도 하고요. 그런데 우리의 생각이 경직되어 있다면 어떤 일이 일어날까요?

변화를 몹시 두려워하고 긴장하게 됩니다. 그러면 삶이 고단해집니다. 자신이 틀린 것을 인정하기가 어려우니 대인관계에도 도움이 되지 않지요.

한때 애슬레저룩이 유행이었습니다. 'Athletic'과 'Leisure'의 합성어로 스포츠웨어와 레저웨어를 결합한 패션스타일을 뜻하지요. 쭉쭉 늘어나는 편안함으로 큰 인기를 얻었는데요. 탄성이 좋아 신체의 활동 범위가 넓어졌기 때문입니다.

생각에도 이러한 탄성을 더할 수 있다면 좋겠지요. 생각의 망원경으로 넓은 영역까지 확장해서 사물을 보고, 생각의 현미경으로 안 보이는 곳까지 속속들이 파고들어야 합니다.

빛의 속도로 변화하는 세상에 적응하기 위해서는 유연한 사고가 필요합니다. 유연한 사고란 틀에 얽매이지 말고 자유로운 생각과 발상을 떠올리는 겁니다. 기존에 있던 방식을 재구성하고 융합함으로써 새로운 패러다임을 이끄는 거지요. 내가 틀릴 수도 있다는 열린 마음으로 사람을 대하니 대인관계에서도 적을 만들지 않고 나를 이롭게 할 수 있습니다. 결정적으로 유연한 사고를 지닌 사람은 예상치 못한 상황에 보다 빠르게 적응하고, 해결책을 빨리 찾아냅니다.

2018년 〈무한도전: 면접의 신〉에서 멤버들은 게임 개발회사 넥슨, 제과 기업 해태, IT스타트업 배달의 민족 등 총 3개의 기업에서 면접을 보았습니다. 유재석, 박명수, 조세호, 하하, 정준

하, 양세형은 진짜 취업하기 위해 면접을 보는 것이 아님에도 불구하고 긴장한 기색이 역력했습니다. 저는 여섯 명의 멤버 중에서 양세형의 센스 있는 답변에 새삼 놀랐는데요. 배달의 민족 임원이 슬리퍼를 건네주면서 양세형에게 묻습니다.

"어떻게 하면 이 슬리퍼로 사람들에게 행복을 줄 수 있을까요?"

창의적인 답변을 노렸겠지요. 저에게 물었다면 머리가 하얘졌을 예상 밖의 질문이었습니다. 순발력이 뛰어난 양세형은 잠깐 고민하더니 이렇게 말합니다.

"똑똑똑, 실내홥니다(=실례합니다)."

그의 재치 있는 답변은 면접관의 마음을 사로잡았습니다. 이 외에도 무한도전 멤버들은 이런 질문을 받았습니다.

좋아하는 노래로 자신을 소개한다면?

본인을 한 단어로 표현한다면?

타임머신이 있다면 인생의 어느 시점으로 돌아가고 싶은가?

백만 원으로 스타트업을 한다면?

무한도전에 나왔던 위의 질문들은 지원자의 창의력이나 문제해결력을 시험해 보는 질문입니다. 순발력, 판단력, 위기관리 능력 등과도 관련이 있습니다. 경직된 사고를 부드럽게 풀기 위해서는 다음과 같은 훈련을 하면 좋습니다.

1. 정답에 집착하지 않습니다

의견이나 생각을 물어보는 질문에도 정답이 아닐까 봐 대답을 회피하는 경우가 있는데요. 가만히 있으면 중간이라도 간다고 여깁니다. 정답이 있다는 생각을 버려야 합니다. 정답에 집착하면 틀을 벗어나기가 힘드니까요. 크게 성공한 사람들은 한 가지 공통점이 있습니다. 생각의 틀을 깬다는 것입니다. 타인의 비판을 두려워하지 않고 가능성만 보이면 과감하게 시도합니다. 틀릴까 봐 입을 봉인해 버리면 문제해결력을 키우기 힘듭니다. 수업 시간에 당당하게 의견을 말하기 어렵다면 이건 어떤가요? TV에서 토론 프로그램이 나오거나 예능에서 출연자들에게 질문을 할 때, 나도 참가자가 되어 해결책을 제시하는 겁니다. 토론 참가자들이 내놓는 다양한 해결 방법을 기억해 두는 것도 좋은 방법입니다.

2. 입장을 바꾸어 생각해 봅니다

"쟤는 왜 저래? 도저히 이해가 안 되네."라고 하지 말고, 상대방이 어떤 기준에서 결론을 도출했는지 고민해 봅니다. 일단 여러 의견을 수용합니다. 나와 다른 의견을 포식자처럼 잡아먹고, 내 것으로 소화시키면 됩니다. 말도 안 되는 얘기라고 미리 결론부터 내지 말고 일단은 수용합니다. 이후 버릴 건 버리고 나와 맞는 것만 취하면 됩니다. 내 사고력이 튼튼해질 겁니다.

3. 영화나 소설의 결말을 내가 바꾸어 봅니다

작가의 의도를 있는 그대로 받아들이지 말고 나만의 결말을 만드는 것입니다. 낮에는 학교에, 밤에는 학원에 있는 여러분이 할 수 있는 경험은 한정적입니다. 대신에 영화나 소설 속에서는 다양한 사람들의 스토리가 있습니다. 결말을 바꾸는 연습을 해 보면 좀 더 능동적인 관객이나 독자로 변모할 수 있습니다.

4. 유머와 웃음을 키웁니다

항상 재미를 찾으라는 것입니다. 똑같이 학교에 다녀도 어떤 학생은 생글생글 웃으면서 다니는가 하면, 어떤 학생은 삶의 고민을 모두 짊어진 것처럼 긴장 상태로 학교생활을 합니다. 과목별로 선생님마다 주시는 수행평가나 과제를 즐기면서 하는 학생도 있고, 조그마한 미션이라도 힘에 겨워 불만을 터뜨리는 학생도 있지요. 저는 그런 학생을 보고 있으면 참 안타깝다는 생각이 듭니다. 그저 불평불만을 쏟기보다 뭔가 재미있는 구석이나 웃을 거리를 찾아보면 어떨까요? 유머 감각은 시험 출제 과목이 아닐뿐더러 성적을 올리는 데 직접 도움이 되는 것은 아니지요. 수업 시간에 잘못 던진 유머 한마디는 선생님과 친구들의 원성을 사기도 하고요. 쓸데없는 소리 한다고 선생님에게 도리어 혼날 수도 있습니다. 하지만 일상생활에서 유머를 잃어버린다면 돌아오는 것은 긴장과 스트레스뿐입니다. 긴장감은 우리의 시야를 좁히고, 경직된 사고를 풀어 줄 수 없습니다. 조그마한 일에도 재미를 찾고, 유머 감각을 지니기 위해 노력한다면 오히려 하는 일의 능률이 오를 수도 있지요.

유머는 기본적으로 엉뚱함과 역발상에서 나옵니다. 유머를 구사하듯 똑같은 상황을 다양하게 해석하고 비틀어 주면 창의력을 발휘할 수 있습니다. 친구들에게 농담을 던졌는데 유치하다고 면박을 주더라도 절대 기죽지 마세요. 거기서 기죽으면 재미있는 유머는 더 이상 안 나옵니다. 고급스러운 유머를 좋아하는 사람도 있고, B급 병맛 개그를 좋아하는 사람도 있습니다. 남들의 시선에 집착하지 말고 사고를 유연하게 한다면 언젠가는 양세형처럼 센스 있는 답변을 할 수 있을 겁니다.

5. 독서는 기본입니다

뻔한 얘기라고 코웃음 칠지도 모르겠지만 가장 쉽고도 기본적인 방법입니다. 크게 성공한 사람들의 공통점은 거듭 말하지만, 생각의 틀을 깬다는 것입니다. 일반적인 상식에서 벗어나는 생각을 합니다. 될까 안 될까 고민하기보다는 가능성만 보이면 과감하게 시도를 합니다. 누구나 하는 생각으로는 남과 다른 길을 갈 수가 없습니다.

크게 성공한 사람들은 한 가지 공통점이 있습니다.
생각의 틀을 깬다는 것입니다. 타인의 비판을
두려워하지 않고 가능성만 보이면 과감하게 시도합니다.

진로 더하기 생각 

☑ tvN <문제적 남자>는 게스트로 출연한 뇌섹남, 뇌섹녀와 함께 문제를 푸는 프로그램입니다. 잠자는 창의성을 깨워 줄 이색 광고 퀴즈도 내고, 광고회사의 기출문제를 공개하며 멤버들의 창의성을 테스트합니다. 창의성이라는 말만 들어도 머리가 아프다는 멤버들. 가끔은 정답이 있는 듯 없는 듯 애매한 면접 질문으로 지원자의 창의력을 테스트하기도 합니다. 이런 질문이 나온다면 여러분은 어떻게 대답할 건가요?

- 내 지갑에 현금이 얼마나 있을 것 같은가요?
- 아이들을 어떻게 하면 웃길 수 있을까요?
- 서울에는 바퀴벌레가 몇 마리 살고 있나요?
- 시각장애인에게 노란색을 어떻게 설명할래요?
- 당신이 슈퍼히어로가 된다면 어떤 능력을 갖고 싶은가요?

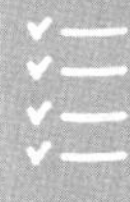

☑ 면접관이 나의 이야기를 듣기 위해 1분간 시간을 준다면 여러분은 어떤 이야기를 들려줄 건가요? 학교(또는 회사)가 나를 뽑을 수 있도록 나만의 스토리를 생각해 보세요.

직업은 사회와 연결되는 통로입니다.
직장 생활을 통해 사회 구성원으로서
소속감을 가지고 상호작용을 하며
자신이 맡아야 할 사회적 책임을
다합니다. 인간은 사회적으로 고립되어
있을 때 자살 충동을 느끼기 쉽고,
반대로 건강한 소속감을 가졌을 때
자살을 막을 수 있습니다. 이처럼
소속감은 인간에게 상당히 중요한
의미를 가지고 있고, 직업을 가짐으로써
건강한 소속감을 얻을 수 있습니다.

따뜻한 토크쇼로 떠나는 랜선 진로 여행

유 퀴즈 온 더 블럭

지금 '뉴진스'가 있다면 1990년대엔 '뉴키즈 온 더 블럭'이 있었지요. 그 당시 전 세계 소녀팬들을 몰고 다닌 태풍 같은 그룹이었습니다. 아마 그 이름에서 착안해 프로그램 제목을 '유 퀴즈 온 더 블록'이라고 지은 것 같습니다.

〈유 퀴즈 온 더 블럭〉(이하 '유퀴즈')의 애청자를 '자기님'이라고 부르는데, 저는 1회부터 이 프로를 봐온 '자기님'입니다. 초창기에는 유재석과 조세호가 길거리를 돌아다니며 시민들과 대화를 나누다가, "유퀴즈?"라고 물었을 때 상대방이 "예스"라고 대답하면 유재석이 퀴즈를 내는 방식이었죠. 정답을 맞히면 그

자리에서 현금 100만 원을 줍니다. 문제를 못 맞히더라도 조세호가 메고 다니는 자기백에서 상품을 뽑을 수 있어요. 대부분은 요상하게 생긴 쿠션이나 패션 아이템이 나오죠. 그래도 운이 좋으면 TV나 최신 휴대폰을 선물로 뽑을 수 있습니다. 퀴즈를 맞히는 것도 중요하지만 이 프로그램의 진정한 의도는 시민들과 소탈하게 이야기를 나누면서 인생 이야기를 채워 나가는 것입니다. 모든 삶이 소중한 가치와 의미를 지니고 있음을 시청자들에게 알려줌으로써 많은 공감을 불러일으켰습니다.

코로나 이후 방역 수칙으로 인해 더 이상 시민들을 만나지 못하자 길거리에서 직접 만나는 대신 게스트를 스튜디오로 초대하는 방식으로 바뀌었습니다. 어떤 분야에 두각을 나타내거나 화제가 된 인물, 자신보다 남을 위해 봉사한 인물 등이 나와 그들만의 스토리를 들려주지요. 좀처럼 얼굴을 드러내지 않는 톱스타도 〈유퀴즈〉에서는 편안한 모습을 보여주기도 합니다.

진로 수업에서 빠질 수 없는 것 중 하나가 전문가 인터뷰입니다. 각 분야에서 주도적인 역할을 하는 분들의 인터뷰를 살펴봄으로써 다양한 직업 세계를 이해할 수 있습니다. 대부분의 전문가 인터뷰 영상을 보면 정보는 풍부하지만 빠진 게 하나 있습니다. 결정적으로 재미가 없습니다. 그래서 관심 있게 끝까지 영상을 보고 있기가 힘듭니다. 직업인 인터뷰에 재미를 더하라는 미션에 충실한 프로그램이 바로 〈유퀴즈〉입니다. 유재석과 조세호가 전문가 인터뷰를 대신해 줍니다.

꿈을 포기하지 않으면 진로는 열린다

이탈리아 나폴리에서는 '킴'의 인기가 상상을 초월한다는데요. 한국인을 보면 '킴의 나라'에서 왔냐고 환대해 준다고 합니다. '괴물 수비수' 김민재 선수를 이르는 말이지요. 그래서인지 그를 쏙 빼닮은 인물이 등장하자 사인 요청이 이어지고, 쌩쌩 달리던 차들도 멈추었답니다. 정동식 축구심판의 이탈리아 경험담입니다. 김민재 닮은꼴로 유명해진 정동식 축구심판이 이탈리아에서 겪은 에피소드를 재미나게 들려주었지요. 하지만 마냥 재밌기만 한 것은 아니었습니다. 처음에는 웃음으로 시작했다가 찡한 눈물로 마무리 짓는 감동까지 줍니다.

정동식 심판은 어릴 적 가정형편이 좋지 않아 군대 가기 전까지 노숙인 쉼터에서 4년 동안 생활했습니다. 또한 신문, 우유 배달, 노숙인 상담원, 공사장 일용직을 하며 돈을 모았습니다. 매일 새벽 4시에 일어나 잘 시간도 없이 악착같이 돈을 벌었답니다. 끼니는 물이나 초콜릿 발린 과자로 때우고 5년 만에 1억 원을 모았지요. 이제 해피엔딩으로 끝나나 싶었는데 이 돈을 상가 분양 사기로 모두 잃고 맙니다. 5년의 세월이 한순간에 모두 날아갔습니다. 방황할 시간마저도 사치였고, 다시 마음을 잡고 7년을 더 버텼습니다.

사실 정동식 심판은 초중고 시절 축구선수였습니다. 자신의 실력에 한계를 느끼고 축구를 그만두었지요. 축구선수의 꿈은 포기했지만, 그래도 축구장에 계속 있고 싶은 마음은 간절했습니다. 학창 시절을 모두 축구에 바쳤으니까요. 아마추어 경기 심판으로 일하면서 10년의 세월을 거쳐 드디어 K리그 심판이 되었습니다. 심판은 프리랜서입니다. 수당제여서 경기가 없는 시즌에는 수입이 없습니다. 주말에 그라운드를 누비며 호루라기를 부는 그는 평일엔 환경공무관(환경미화원)으로 복무하고 있습니다. 거기다 퀵서비스까지 한다는데요. 사람들은 정동식 심판에게 묻는답니다. 힘들지는 않냐고요.

"저는 별로 힘들지 않습니다. 너무 행복하게 일하고 있습니다. 왜냐하면 해야 될 일과 하고 싶은 일을 병행하고 있잖아요. 축구심판으로 하고 싶은 일을 하고, 가족들의 의식주 해결을 위해 환경공무관으로 해야 할 일을 하고 있으니까요."

여기서 국민MC 유재석도 눈물을 감추지 못했습니다. 옆에서 아들이 한마디를 덧붙입니다.

"아버지는 착하고 부지런한 사람이에요."

어린 아들이 아버지의 치열했던 노력을 한마디로 요약했습니다. 함께 놀아 주지 못해 미안했던 아버지는 하염없이 눈물만 흘렸습니다.

정동식 심판은 스스로 행복한 사람이라고 했습니다. '하고 싶은 일'과 '해야 할 일'을 동시에 하고 있기 때문이라고요. 평소 잊고 있었던 '일이란 무엇인가'에 대해 다시 한번 생각해 보게 되었습니다.

직업은 사회로 통하는 길이다

엄밀하게 구분하자면 일이란 수면, 단순한 휴식, 놀이 등을 제외한 인간이 살아가기 위해 행하는 모든 활동을 뜻합니다. 직업 생활, 취미 활동, 공부, 여가 활동 등이 모두 일에 포함됩니다.

그에 반해 인간이 경제적 소득을 얻거나 사회적 가치를 이루기 위해 지속적으로 행하는 경제활동을 '직업'이라 합니다. 그런데 일반적으로는 일과 직업을 구분하지 않고 쓰기도 합니다.

그럼 직업이 왜 중요할까요? 직업이 여러분에게 무엇을 제공해 주나요?

직업은 가장 기본적인 생계유지 수단입니다. 돈이 있어야만 의식주를 해결하고, 내가 원하는 차도 사고 여행도 할 수 있습니다. 가족을 부양하기 위해 가장은 열심히 일을 합니다. 생계를 유지하는 수단으로서 직업은 매우 가치 있는 것입니다. 생계를 위한 일을 절대 폄하해서는 안 됩니다. 가족의 안녕과 행복이라는 의미를 지니고 있기 때문입니다. 장래 희망을 물었을 때 돈 많은 백수 또는 로또 당첨이라고 하는 학생은 아마 직업의 의미를 돈에만 두었기 때문이겠죠. 하지만 직업은 우리에게 돈만 가져다주는 것은 아닙니다.

직업은 또한 사회와 연결되는 통로입니다. 직장 생활을 통해 사회 구성원으로서 소속감을 느끼고 상호작용을 하며 자신이 맡아야 할 사회적 책임을 다합니다. 미국의 심리학자 토머스 조이너는 "짐이 된다는 느낌이나 치명적인 자해 습득 능력이 있는 사람에게도 희망이 있다면 그것은 소속감이다."라고 말했습니다. 인간은 사회적으로 고립되어 있을 때 자살 충동을 느끼기 쉽고,

반대로 건강한 소속감을 가졌을 때 자살을 막을 수 있다는 것입니다. 이처럼 소속감은 인간에게 상당히 중요한 의미를 가지고 있고, 직업을 가짐으로써 건강한 소속감을 얻을 수 있습니다.

마지막으로 직업은 삶의 목표인 행복과 관련이 있습니다. 미국의 심리학자 에이브러햄 매슬로는 인간의 5단계 욕구를 설명합니다. 생리적 욕구, 안전의 욕구, 애정과 소속의 욕구, 존중의 욕구, 자아실현의 욕구인데요. 앞선 순서의 욕구가 어느 정도 충족되어야 그다음 욕구를 추구합니다. 이 중 가장 고차원적인 욕구는 자아실현의 욕구이고, 어쩌면 인간을 다른 동물들과 구분해 주는 욕구입니다. 그럼 자아실현은 어떻게 할 수 있을까요? 등산이나 여행 등 취미 생활을 통해서, 다른 사람을 도우면서 자아실현을 할 수 있습니다. 또한 빠질 수 없는 것이 '일'입니다. 우리는 일을 통해서 자신의 잠재적 능력을 발휘할 수 있습니다. 거기다 에디슨처럼 좋아하는 일을 직업으로 삼을 수 있다면 더할 나위 없겠지요?

백열전구뿐만 아니라 축음기, 영사기 등 1,000여 종이 넘는 특허를 가지고 있는 발명왕 에디슨은 자신의 연구를 일이라 생각하지 않고 재미있는 놀이라고 여겼으며, 실험이 실패해도 "나는 실패한 게 아니다. 잘 되지 않는 1만 가지 방법을 찾은 것 뿐이다."라며 포기하지 않고 도전했습니다. "나는 평생 단 하루도 일한 적이 없다. 늘 재미있게 놀았다."라는 에디슨이 정말 부러운 부분입니다.

에디슨처럼 일과 놀이의 경계가 모호한 행운의 주인공도 있지만, 현실의 벽에 부딪혀 하고 싶은 일을 못 할 수도 있습니다. 축구선수가 되고 싶지만 실력의 한계를 느끼기도 하고, 의사가 되고 싶지만 높은 성적이라는 좁은 문 앞에서 좌절하기도 합니다. 그렇다고 해서 세상이 끝난 건 아닙니다. 정동식 심판도 축구선수의 꿈은 포기했지만 축구는 포기하지 않았습니다. 남들 쉬는 주말에도 축구장에 나가 선수들과 뛰며 호루라기를 불었습니다. 하루에 7가지 일을 하며 잠도 안 자고 빚을 갚고 생계를 유지했지만, 심판 활동은 계속했다고 합니다. 그에게는 축구가 희망이었기 때문입니다. 그런 간절함이 있었기에 프로축구 심판이 되었고, 하고 싶은 일을 즐겁게 할 수 있는 건 아닐까요?

꿈에 관해 물어보면 가끔 이런 학생들이 있습니다. 로또 당첨, 건물주, 돈 많은 백수가 꿈이라고요. 자신이 무엇을 좋아하는지 아직 몰라서 그럴 것입니다. 괜찮습니다. 지금은 탐색하는 시기이고, 뭐라도 배우는 시기니까요. 아직 못 찾았다고 해서 강박관념은 갖지 않아도 됩니다. 단, 진정한 자아실현을 위해 '돈 많은 백수'의 꿈을 다른 걸로 대체해 봅시다. 돈이 많다고 해서 일을 쉬는 건 아닙니다. 돈 많은 사람들도 열심히 일하고 있습니다. '돈 많은 백수'를 '돈 많은 ○○'으로 바꾸어 봅시다. 잠재력을 발휘할 수 있는 다른 일로 말이죠. 돈 많은 ○○은 무수히 많습니다.

서울대 교수가 들려주는 자기주도학습

공부법에 관한 책을 검색해 보았습니다. SKY에 가기 위한 공부법, 수학·영어 공부법, 초등 아이 공부법 등 웬 공부법 책이 이리도 많을까요? 이런 책은 누가 볼까요? 학생들이 볼까요? 아마도 대한민국 엄마들이 공부법 관련 책의 주요 독자가 아닐까 싶습니다. 하지만 공부는 엄마가 하는 게 아니고 학생들이 하는 것이죠. 엄마들이 공부법 책을 많이 읽고 그 비법을 자녀에게 말한들 과연 얼마나 많은 학생이 그 비법을 따라 할까요? 학생의 의지가 동반되지 않으면 비법책 100권을 읽어도 아무 소용 없습니다.

우리나라에 공부 좀 한다 싶은 친구들이 많이 가는 대학이 바로 서울대입니다. 〈유퀴즈〉에 서울대 교육학과 신종호 교수가 출연하여 서울대 학생들의 공부법을 알려 주었습니다. 서울대 학생들의 공부법을 한마디로 말하면 '죽어라 하는 공부법'이랍니다. 엉덩이 힘으로 하는 공부법이죠. 목숨 걸고 공부하는 사람을 어떻게 이기겠습니까? 특별한 비법이라도 있는 줄 알고 기대했던 조세호는 한숨을 쉽니다. 신종호 교수의 추가 설명을 더 들어볼까요?

첫째, 공부할 때 1시간을 버티겠다는 생각은 버립니다. 사람의 집중력은 10~15분이 지나면 급격히 떨어집니다. 유튜브에 1시간짜리 영상이 잘 없는 것도 이 때문이라는데요. 10~15분 공부하고 휴식하는 것을 반복하면 오히려 집중해서 공부하는 시간이 더 길어진다고 하네요.

둘째, 집중이 잘 안 된다면 환경을 바꿉니다. 도서관에서 공부를 하다가 잘 안 되면 카페에서 공부해도 괜찮습니다. 조용한 도서관보다 오히려 카페의 백색소음 속에서 공부가 더 잘되는 사람도 있거든요. 뭐든 본인이 편안한 장소가 가장 좋겠죠. 부모님들은 자녀가 독서실에 간다고 하면 안심이 될지 모르겠지만 노는 애들은 독서실 가도 놉니다.

셋째, 음악을 들으면서 공부를 하면 공부의 효과는 떨어집니다. 공부에 쓸 에너지가 음악에 분산되는 거지요. 다만 힘든 공부를 하는 나를 달래기 위해 공부 초기에 음악을 몇 곡 듣는 것은 괜찮습니다. 음악이 공부를 시작하게 하는 윤활유 역할을 합니다. 음악을 들으면서 공부하고 싶다면 가사가 없는 음악이 그나마 집중력을 흩트리지 않는다고 합니다.

넷째, 숲을 보는 공부를 합니다. 첫 단원부터 완벽하게 공부하려고 하면 책의 뒷부분까지 보기가 힘듭니다. 숲을 보듯 교재를 처음부터 끝까지 그냥 쭉 읽어 본 후, 세세한 부분을 숙지하는 것이 좋습니다. 또한 문제 풀이는 반드시 거쳐야 하는 과정입니다. 내가 뭘 알고 있고, 뭘 모르고 있는지를 확인하는 과정이 바로 문제 풀이입니다.

위 설명에서 내가 무엇을 알고 무엇을 모르는지 확인해야 한다고 했는데요. "너 자신을 알라."라고 했던 철학자의 이름을 빌려와 일명 '소크라테스 공부법'이라고 합니다. 공자도 이렇게 말했습니다. "아는 것을 안다고 하고, 모르는 것을 모른다고 하는 것이 곧 아는 것이다." 소크라테스의 말과 일맥상통하죠.

두 철학자가 공통적으로 강조하는 능력이 바로 '메타인지'입니다. 메타인지란 자신이 무엇을 모르고 무엇을 아는지를 인지하는 것이죠. 또한 모르는 부분을 채우기 위해 또 다른 계획을 구상하는 일련의 과정이 모두 메타인지입니다. 예를 들면, 시험기간이 되면 과목별로 공부 할당량 계획하기, 부족한 과목 전략

짜기 같은 거죠. 성적이 넘사벽이라 불리는 최상위권 학생들은 메타인지가 높은 것으로 알려져 있습니다. 100점을 맞기 위해 얼마만큼의 시간이 걸릴지도 정확하게 예측합니다. 과목별로 시간 배분도 알차게 합니다. 메타인지를 높이기 위해서 어떤 노력을 하면 좋을까요?

첫째, 자신이 알고 있는 것을 말로 설명합니다. 누군가를 가르치기 위해서는 본인이 완벽하게 이해해야 하지요. 친구나 부모님께 설명하거나 여건이 되지 않으면 인형을 앉혀 놓고 설명하면서 내가 부족한 부분을 찾습니다. 미국 행동과학연구소NTL에 따르면 강의를 듣기만 하면 24시간 후에 5퍼센트밖에 남지 않지만, 상대방에게 설명을 하면 90퍼센트까지 남는다고 합니다.

둘째, 백지학습법으로 알려진 셀프 테스트도 괜찮습니다. 부족한 부분이 어디인지 확인하고 싶을 때 효과적인 방법입니다. 공부한 내용을 마인드맵으로 그리면서 자신에게 설명합니다. 그냥 문장으로 쭉 적는 것보다 마인드맵으로 적으면 내용 사이의 연관성이 눈에 잘 들어옵니다. 혹시 모르는 부분이 있으면 다른 색 볼펜으로 적어 두었다가 책을 다시 찾아보면 되겠지요. 예쁜 글씨에 집착하지 않고 낙서하듯 자유롭게 백지를 채워도 좋겠습니다.

셋째, 공부한 시간을 적고, 공부시간을 계산합니다. 스톱워치를 활용해서 30분을 설정해 두고 풀어야 할 문제의 양을 정합니다. 집중력이 올라가고 설정한 시간 내에 끝냈을 때 성취감도 맛볼 수 있습니다. 공부한 날짜와 시간을 적어 두면 매일 어느 정도 공부했는지 확인할 수 있습니다. 공부시간을 그래프로 그려 볼 수도 있습니다. 이렇게 하면 스스로 학습 동기 전문가가 되어 있을 것입니다.

타인의 시선 말고 내 안의 시선으로 바라보기

여리여리한 20대 여성 도배사가 〈유퀴즈〉에 출연했습니다. 도배사는 건축 현장에서 일하기 때문에 남성이 대부분입니다. 게다가 연세대를 졸업하고 사회복지사로 일하다가 직장을 그만두고 도배사의 길을 택한 그녀였기에 더욱 사람들에게 주목을 받았습니다. 그녀는 왜 직장을 그만두고 도배사의 길을 걷고 있는 걸까요?

첫 직장은 전공을 살려 노인복지관에서 근무했습니다. 이후 본인이 조직 생활에 어려움을 느낀다는 걸 깨닫고 퇴사를 결심합니다. 상사와 동료와의 갈등 없이 일에만 집중할 수 있는 기술직 도배사를 떠올렸습니다. 명문대 졸업생이 도배사를 한다고 하면 주변의 시선이 어땠을까요? 외국은 기술직에 종사하는 사람들 스스로 자부심을 가지고 있고 그 직종을 우대하는 반면, 아직 우리나라는 현장직에 대한 편견이 있습니다. 그러니 그녀의 선택에 우려의 목소리가 많았다고 합니다.

첫 출근 날에는 본인 적성에 맞는지 생각할 겨를도 없이 기절하듯 곯아떨어졌다고 합니다. 딱 일주일만 해보자고 결심했고, 일주일이 지난 후에는 한 달만 해보자고 다짐했습니다. 그렇게 짧게 단기 목표를 세워 힘든 하루를 버텼고, 2년째 도배사를 하고 있습니다. 여름에 덥다고 에어컨을 켤 수 있는 것도 아니고, 겨울에는 맹추위와 싸워야 합니다. 육체적으로 많이 힘들고, 사다리에 올라가 천장에 벽지를 바르는 작업이라 무서울 법도 한데요. 본인이 선택한 직업이라 힘들어도 응석을 부릴 수도 없고, 오롯이 혼자 견뎌야 했습니다. 그럼에도 도배사는 그녀에게 소중한 직업입니다. 몸으로 터득한 기술은 사라지지 않고, 땀 흘린 만큼 보상을 얻을 수 있기 때문입니다. 안타까운 건 함께 일하는 동료들이 사회적 시선 때문에 직업을 숨긴다는 것입니다.

유재석이 직업 가치관에 대해 묻자 이렇게 대답합니다. 내면이 얼마나 단단하고 야무진 젊은이인지 알 수 있습니다.

배윤슬: 예전 세대는 대학 졸업 후 취업, 내 집 마련, 결혼, 출산, 육아 같은 정해진 틀이 있었잖아요. 그 정해진 틀을 지키기 위해 안정적인 직장을 선호했어요. 또 회사에서 힘들어도 지킬 것들을 위해 버티는 사람들이 많았죠. 반면에 요즘 세대는 '나의 선택'에 집중하는 분들이 늘어났습니다. 직업을 이미 가졌더라도 '어, 이거 내가 행복하지 않은데'라고 하면서 새로운 직업을 찾아 훌쩍 옮겨 가기를 주저하지 않습니다. 이직을 고민하는 이유 중 하나가 주변의 시선이라고 생각해요. 근데 그런 평가나 부정적인 시선은 한순간이에요. 그에 비해 버텨 내는 '나의 하루'는 너무도 길고 유의미합니다. 그 찰나의 평가, 잠깐의 말들 때문에 평생 원치도 않는 일을 해야 할까요?

사람마다 무엇을 중요하게 생각하느냐에 따라 직업 선택의 기준은 다양합니다. 돈을 많이 버는 직업을 최우선으로 할 수도 있고, 직업 안정성을 먼저 보는 사람도 있습니다. 또 어떤 사람은 자신의 잠재력을 발휘하는 자아실현에 높은 가치를 부여하기도 하지요. 직업 가치관은 직업 선택의 중요한 기준이 됩니다. 자신의 직업 가치관을 충족시키는 직업을 가지면 직업에 대한 만족도는 당연히 높아지겠지요.

퍼스널 브랜딩으로 취업 뽀개기

'취뽀했다', '취뽀합시다'라는 말을 들어본 적 있나요? '취뽀'란 '취업 뽀개기'의 약자로 뽀개기는 말 그대로 박살 낸다는 뜻입니다. 박살이라는 표현까지 나올 정도로 취업이 어렵습니다. 중2병만큼 감정이 롤러코스터를 타는 대2병도 있다고 말합니다. 취업 및 불명확한 진로에 따른 불안과 초조에서 나온 말입니다. 그만큼 젊은이들이 취업난에 시달린다는 걸 알 수 있습니다.

대기업 15곳에 서류 합격한 취업의 신이 〈유퀴즈〉에 등장했습니다. 5초만 보아도 긍정 에너지로 가득 차 있습니다. 주변 사람들에게 행복 바이러스를 퍼뜨릴 것 같은 이분은 어떻게 취업에 성공했을까요?

'스펙spec'은 영어 단어 'specification'의 줄임말입니다. 직장을 구하는 사람들 사이에서 학력, 학점, 토익점수 등 서류상의 기록 중 업적에 해당하는 것을 이릅니다. 언젠가부터 스펙이 취업의 필수조건이 되었습니다. 기본적인 스펙을 갖추지 않으면 취업에 불리합니다. 보통 취업에 필요한 스펙 필수 세트로 자격증, 어학점수, 학점, 학벌, 인턴 경력 등을 뽑습니다. 그런데 〈유퀴즈〉에 출연한 취업의 신은 지방 사립대 출신, 학점은 3.7, 토익 405점, 자격증 1개로 스펙은 화려하지 않습니다. 그래서 더더욱 합격 비법이 궁금한데요. 이분의 인터뷰 영상을 10분만 보면 알게 됩니다. 화려한 스펙은 없지만 남들과는 다른 화려한 '경험'이 바로 그의 강점이었습니다. 대학교 시절 21개의 아르바이트를 했습니다. 스스로 학비와 용돈을 벌기 위해 마트 안내도우미, 학원 강사, 임신·출산박람회, 축구장 관리 등의 일을 했습니다. 정형화된 스펙이 아니라 자신이 살아온 인생을 알아봐주는 기업에 서류를 넣은 것이 합격의 비법 중 하나였습니다. 아르바이트뿐 아니라 수많은 대외 활동 경력을 보유하고 있는데요. 백화점 홍보단, 도시락 배달 봉사, 네팔 해외 봉사 등을 했다고 합니다. 그냥 이루어지는 건 아무것도 없습니다.

이분을 보면서 스펙에 대한 정의를 다시 내리고 싶습니다. 학점이나 토익점수가 아니어도 나만의 스토리를 갖는 것이 중요한 스펙이라고 말입니다. 자연스러운 미소, 긍정적인 태도, 남과는 다른 경험, 매사 당당한 태도가 사실 합격 비법입니다. 학업적인 스펙은 부족하더라도 경험 스펙은 최상위였습니다.

무엇보다 자기소개서가 가장 눈에 띕니다. 첫 문장에 나의 모든 것을 담았다고 합니다. '대한민국 1호 클레임 처리 전문 신입사원'이라고 썼다고 하네요. 뭔가 뒷얘기가 궁금해집니다. 클레임claim이란 구매한 물건이나 제품에 하자가 있을 때 제기하는 불만을 가리킵니다. 소비자의 불만을 처리해 주는 신입사원이라는 말인데, 긍정 에너지로 가득 찬 이분과 너무 잘 어울렸습니다.

어린아이부터 80대 할아버지까지 온라인에서 자신을 표현하는 것이 일상이 되어 버렸습니다. 1인 크리에이터, 1인 미디어 등 자신만의 콘텐츠를 만드는 것에 관한 글을 쉽게 찾아볼 수 있습니다.

'브랜드'란 말은 '태우다burn'라는 뜻의 옛 노르웨이어 'brandr'에서 왔다고 합니다. 가축의 주인이 자기 가축을 구별하기 위해 태워서(낙인을 찍음) 표시했던 습관에서 유래했죠. 오늘날 브랜드는 자신의 상품을 다른 상품과 구별하기 위해 사용하는 이름, 용어, 기호 또는 기타의 수단을 의미합니다. 삼성, 구글, 카카오, 나이키, 맥도날드, 스타벅스처럼 잘 알려진 회사들은 이름만 들어도 쉽게 머릿속에 떠오르지요. 개인도 자신의 이미지 형성이 중요한 시대가 왔습니다.

자기소개를 할 때 "2학년 3반 17번 이상훈입니다."라고 소개하는 대신에 "귀여운 미소로 행복 바이러스를 퍼트리는 이상훈입니다."라고 자신의 특장점을 살려서 소개하면 어떨까요?

퍼스널 브랜딩personal branding이란 자신을 브랜드화하여 특정 분야에서 먼저 자신을 떠올릴 수 있도록 만드는 과정입니다. 위에서 '대한민국 1호 클레임 처리 전문 신입사원'이라고 했듯이 남들과는 다른 나를 찾는 과정이지요. 남들이 가진 토익점수나 학벌을 부러워하지 말고 자기 고유의 것으로 승부를 봐야 합니다.

사람들은 저마다 가지고 있는 강점과 가치가 있습니다. 그것을 향상시켜 자신만의 브랜드를 만든다면 차별화된 경쟁력을 갖추게 되겠죠. 퍼스널 브랜딩 하니 갑자기 생각나는 연예인이 있습니다. 예전에 국민요정 아이돌 그룹 멤버였고, 솔로로 전향해 톱가수가 된 이효리입니다. 특유의 카리스마와 솔직함으로 시대의 아이콘이 되었죠. 아마 여러분은 〈효리네 민박〉이나 〈놀면 뭐하니〉라는 예능 프로그램에서 본 적 있을 거예요. 이효리가 몇 년 전 토크쇼인 〈해피투게더3〉에 출연을 했는데요. 그녀의 사이다 같은 한마디에 무릎을 탁 쳤습니다. MC 중 한 명이 궁금해서 이효리에게 묻습니다. 4년간 활동을 안 했는데 생활비는 어떻게 충당하냐고요. 일반적인 게스트라면 재테크를 이렇게 저렇게 해서 생활비 걱정은 안 해도 된다고 대답했겠죠. 그런데 이효리는 "헐, 지금 저한테 생활비 걱정하시는 거예요? 저 이효리예요." 이 한마디에 게임 끝. 구구절절 설명이 필요 없었습니다. "저 이효리예요."라는 말에 모두가 공감했고, 이효리 자체가 하나의 브랜드라는 건 설명할 필요도 없었습니다.

JTBC 예능 〈한끼줍쇼〉에서 강호동, 이경규, 이효리가 길을 걷다가 한 아이를 발견합니다. 눈이 인형처럼 예쁜 여자아이를 보고 다들 귀여워서 발걸음을 멈추죠. 갑자기 강호동이 아이에게 어른이 되면 어떤 사람이 될 거냐고 묻습니다. 옆에서 이경규는 "훌륭한 사람이 되어야지."라며 판에 박힌 대답을 하죠. 그러자 이효리가 "뭘 훌륭한 사람이 돼. 그냥 아무나 돼."라고 합니다. 그러면서 "넌 예쁘니까 성형수술 하지 마."라며 쿨하게 떠납니다. 이효리의 "그냥 아무나 돼."라는 말을 나쁜 사람이 되어도 좋다라고 해석하는 사람은 없을 것입니다. 남들이 세운 기준에 흔들리지 말라는 의미죠. 그냥 '너는 너'라는 말입니다.

퍼스널 브랜딩의 시작은 '나다움'을 찾는 것입니다. 타인과 비교하면 자존감은 무너지고 나다움을 찾기 힘듭니다. 남들은 모두 〈어벤져스:인피니티 워〉가 재미있다고 하지만 본인은 조용하게 힐링할 수 있는 〈리틀 포레스트〉가 더 재미있을 수도 있어요. 제아무리 천만 관객을 동원한 영화라고 해도 내가 재미없으면 재미없는 거죠. 맛집이라고 1시간씩 줄 서서 먹는 식당이라 해도 내 입맛에는 안 맞을 수 있습니다.

프랑스 파리를 생각하면 떠오르는 건축물이 에펠탑입니다. 1889년 프랑스는 만국박람회를 개최했습니다. 프랑스의 국력을 드러내는 중요한 자리였는데요. 산업혁명 시대에 철강 생산력을 뽐내기 위해 철로 된 구조물을 건축하기로 했죠. 그래서 지어진 건축물이 에펠탑입니다. 처음에는 흉물로 여겨졌지만 지금은 프랑스 파리를 대표하는 랜드마크가 되었습니다.

프랑스 파리 하면 에펠탑이 생각나듯이 여러분도 자기 자신을 떠올리면 생각나는 이미지가 있나요? 면접에서도, 자기소개서에도, 심지어 일상생활에서도 나만의 색깔을 요구합니다. 나를 알고, 나만의 색을 입히는 과정이 '퍼스널 브랜딩'입니다. 퍼스널 브랜딩은 온라인에서 콘텐츠를 제작할 때 많이 쓰이는 용어이긴 하지만 콘텐츠를 제작하지 않더라도 남들과 다른 나의 스토리를 발전시키는 것은 꼭 필요한 일입니다.

남들 눈치 보지 말고 내가 좋아하는 것을 용기 내서 말할 수 있어야 합니다. 겸손함은 뒤로 미뤄두고 내가 잘난 것은 더 드러내는 세상이잖아요. 내가 경험하고 있는 모든 일이 콘텐츠가 될 수 있다는 걸 꼭 기억하세요.

진로 탐색의 시발점은 바로 자신에 대해 알아가는 것입니다. 나에게 중요한 것은 무엇이고, 나는 무엇을 위해 살아갈 것인가에 대한 대답입니다. 자신을 객관적으로 알기 위한 각종 진로 심리검사 자료들이 넘쳐납니다. MBTI 검사, 홀란드 유형 검사,

DISC 검사 등을 많이 하지요. 이것들이 나를 완벽하게 알려 주지는 않습니다. 나는 누구인가에 대한 총체적인 생각을 자아정체감이라고 하는데, 내 인생의 주인공은 결국 나이고, 내가 여러 가지를 경험하고 부딪쳐 보아야만 그 답을 찾을 수 있습니다.

프랑스 실존주의 철학자 사르트르의 "B와 D 사이에는 C가 있다Life is Choice between Birth and Death."라는 말처럼 우리 인생은 태어날 때부터 죽을 때까지 선택의 연속입니다. 우리는 매일매일 무수히 많은 C를 만나고 있습니다.

중학생이라면 고등학교를 선택할 때 몇 가지 선택지를 만나게 됩니다. 특수목적고, 일반고, 직업계고 등이 있지요. 선택한 고등학교가 나와 맞지 않다고 해서 자유롭게 내가 원하는 고등학교로 다시 전학 가기는 힘듭니다. 따라서 고등학교 원서를 쓸 때 부모님, 선생님과 충분한 상담을 거쳐 고등학교를 선택하는 것이 중요합니다. 직업계고 학생이라면 어떤 기업에 취업할까, 진학할까 등의 고민이 있을 겁니다. 일반고 학생이라면 대학에 가기 위해 정시와 수시(학생부종합, 학생부교과 등) 사이에서 골머리를 앓겠죠. 일단 선택을 한 후에는 어떻게 할까요? 남의 떡이 더 커 보인다고 내가 놓친 다른 선택지만 쳐다보고 후회하고 있어야 할까요? 무슨 선택을 하든 여러분이 선택했다면 옳은 겁니다. 지금은 선택을 후회하기보다는 과정에 집중해야 할 때입니다.

여러분, 자신감을 가지세요. 불안해하지 맙시다. 나에 대한 확신이 부족하면 노력도 부족해집니다. 남과 비교하지 말고 내가 세운 목표를 잘 따라가고 있는지 확인하면 됩니다.

진로 더하기 생각

☑ 나를 표현하는 말을 형용사와 명사로 나열해 보세요.

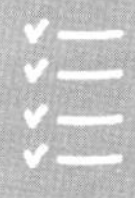

☑ 아래의 질문들로 자기주도학습 능력을 점검해 보세요.

공부를 하는 목표가 확실하게 있나요? 있다면, 무엇인가요?

학습을 시작하기 전에 계획을 세우나요? 지금은 어떤 계획이 있나요?

공부한 내용을 알고 있는지 스스로 어떻게 평가하고 있나요?

지금 학습에 방해되는 요인은 무엇인가요? 어떻게 방해 요인을 차단하여 공부에 집중할 건가요?

모르는 내용은 선생님이나 친구에게 질문을 하는 편인가요? 얼마나 자주 질문하나요?

에필로그

나는 진로교사입니다

학생들이 진로상담실 문을 똑똑 두드립니다.

"선생님, 여기가 숨은 맛집이라고 해서 왔어요."

쉬는 시간, 나에게 사탕 하나 얻으려고 진로상담실에 온 학생들의 말입니다. 물론 이 아이들은 진로 상담보다는 상담실에 비치해 둔 달콤한 사탕이 목적입니다. 하지만 제가 주는 간식을 먹는 대가로 질문에 답을 해야 하지요.

"어제 무슨 공부했니?"

"수업 시간에 얼마나 열심히 했니?"

"중간고사 평균은 몇 점이고, 기말고사에는 얼마나 향상

시킬 거니?"

영혼 없이 대답하지만 선생님과의 대화를 싫어하지는 않습니다. 진로상담실의 문패에는 아이들이 지어 준 별칭인 "숨은 맛집" 글자가 쓰여 있습니다.

영어교사였던 저는 전공을 하나 더 해서 지금은 진로를 위한 '숨은 맛집'을 운영하는 고등학교 진로교사입니다. 진로상담실의 문을 두드리는 학생 대부분은 이런 고민을 합니다.

"내가 뭘 잘하는지 모르겠어요."

"좋아하는 게 없는데요."

"세상이 너무 빨리 변해서 두려워요."

"공부가 잘 안 돼요."

내가 무엇을 하며 살지, 나에게 맞는 일은 무엇인지 잘 모른다는 불확실은 다시 말하면 많은 가능성이 있다는 것입니다. 정해지지 않았기에 결과가 좋을지 나쁠지는 판단할 수 없습니다. 정해지지 않았기에 무궁무진한 가능성을 마주할 수 있습니다. 확실하지 않기 때문에 현재에 최선을 다해야 합니다. 불안하기 때문에 미리 대비할 수 있는 것입니다. 그러니 나의 가능성을 믿고 현재에 집중하면 됩니다.

진로 숨은 맛집을 운영하면서 저는 무언가 열심히 준비하고 있는 여러분을 위해 재미있는 콘텐츠들로 메뉴를 짜 보았습니다. 영화, 드라마, 예능으로 즐겁게 진로를 찾아볼 수 있게 준비했습니다. 진로를 찾는 활동이 굳이 진지할 필요는 없으니까요.

모든 일에는 순서가 있다고 하지만 진로를 찾을 때는 순서에 집착하지 않아도 됩니다. 진로와 직업 교과서나 각종 진로 워크북에는 순서가 있죠. 체계적인 교육과정에 따라 교육 활동을 해야 하므로 정형화된 순서가 있습니다. 하지만 이 책은 교과서나 워크북이 아닙니다. 본인이 좋아하는 콘텐츠부터 읽어도 상관없습니다. 재미있는 영상으로 뇌에 휴식도 제공하면서 여러분의 진로 고민도 해결해 줄 것입니다.

〈유퀴즈〉에서 유재석과 조세호는 초등학생 소녀들에게 이런 질문을 던졌습니다. “두 분이 생각하기에 잔소리와 조언의 차이는 무엇일까요?”라는 유재석의 질문이 채 끝나기도 전에 한 소녀가 대답했습니다. 그 소녀의 표정과 말투가 더 압권입니다. “잔소리는 왠지 모르게 기분 나쁜데, 충고는 더 기분 나빠요.”

잔소리와 조언의 차이를 물었는데, 그 누구도 이렇게 대답한 사람은 없었습니다. 그야말로 명언 탄생이었죠. 학생들에게 매일매일 충고를 하며 사는 저는 뒤통수를 한 대 얻어맞은 기분이었습니다. 그러고는 철학자 못지않은 통찰력을 지닌 어린 소녀에게 박수를 보냈습니다.

KBS2 〈옥탑방 문제아들〉에 문학계의 아이돌이라 불리는 김영하 작가가 출연했습니다. 이야기꾼답게 의미 있는 이야기를 많이 해 주었죠. 그중에서 가장 저에게 의미 있게 다가온 말이 있었습니다. 김영하 작가는 청년들에게 그 어떤 조언도 하지 않는다고 합니다. 세대가 다르면 외국에 사는 거나 마찬가지인데 이거 해라, 저거 해라 함부로 말하기가 조심스럽다는 거죠.

사실 저도 여러분에게 함부로 조언하기가 조심스럽습니다. 그래서 "라떼는 말이야." 이런 말 대신 영화, 드라마, 예능 속 캐릭터로 세상을 보여 주고 싶었습니다.

이 책을 집필하다 보니 수업 또한 아이들과 교사가 만드는 영화나 예능이라는 생각이 듭니다. 카메라 감독만 없을 뿐 갖가지 영화 장르가 나올 수 있습니다.

두 팀으로 나누어 게임을 하면 상대방을 이기기 위해 온갖 전략을 짜는 전쟁 영화가 되고, 게임에 이긴 모둠의 환호성은 스포츠 영화의 마지막 장면을 닮았습니다. 친구들과 답을 찾기 위해 헤매고 다니는 모습은 보물을 찾기 위해 고군분투하는 탐험 영화의 주인공입니다. 하지만 장황하고 재미없는 교사의 설명이 오랫동안 지속되면 시계만 쳐다보다 잠만 자고 나오는 지루한 영화가 되기도 하지요.

진로 수업에서는 영화, 드라마 속 명대사, 위인들의 명언, 감동적인 장면 등이 훌륭한 수업 교재가 되기도 합니다. 말 한마디가 사람의 진로를 바꿀 수 있기 때문이죠.

아들이 초등학교 4학년 때 싱글벙글하며 학교에서 돌아왔습니다. 그 당시에는 초등학교에도 중간, 기말고사라는 정기고사가 있어서 국어, 영어, 수학, 사회, 과학 시험을 쳤습니다. 물론 내신등급은 없었지만 이 시험으로 인해 이미 초등학교 때 공부를 잘하는 아이와 못하는 아이가 그들 세계에서 나누어집니다. 너무 기분 좋게 집에 왔길래 시험을 잘 쳐서 그런 줄 알았습니다.

"엄마, 수학 시험 치고 나서 쉬는 시간에 친구들이 저에게 답을 물어봤어요. 학교 다니면서 시험 치고 친구들이 저에게 답을 물어본 게 처음이에요. 헤헤."

그 당시 아들은 수학에 특출한 재능이 있는 건 아니었습니다. 하지만 그 사건으로 수학에 대한 자신감이 생긴 건 사실입니다. 우연의 일치인지는 모르겠지만 아들은 논술전형

(이과 수리 논술)으로 수시에 합격했습니다. 만약 친구들이 국어 정답을 물었다면 국어에 관심을 가졌을지도 모릅니다. 이렇게 누군가가 무심코 던진 한마디가 다른 이의 인생을 바꾸기도 합니다.

사람은 주변 사람들에게 인정받기를 원하고, 자신의 가치와 존재감을 드러내고 싶은 욕구가 강합니다. 학교에서 공부 이외에도 다른 활동으로도 존재감을 드러낼 수 있도록, 그래서 어느 순간 학생들이 자기 진로를 향해 한 걸음 다가갈 수 있도록 진로교사로서 도움을 주고 싶습니다.